Prece e Bênção

CARLOS RODRIGUES BRANDÃO

Prece e Bênção

Espiritualidades religiosas no Brasil

EDITORA SANTUÁRIO
Aparecida-SP

Cultura e Religião

DIRETOR EDITORIAL:
Marcelo C. Araújo

EDITORES:
Avelino Grassi
Márcio F. dos Anjos

COORDENAÇÃO EDITORIAL:
Ana Lúcia de Castro Leite

COPIDESQUE:
Bruna Marzullo

REVISÃO:
Eliana Maria Barreto Ferreira

DIAGRAMAÇÃO:
Juliano de Sousa Cervelin

CAPA:
Simone Godoy

FOTO DA CAPA:
Vera de Souza/Ed. Santuário

Revisão do texto conforme o Novo Acordo Ortográfico da língua portuguesa, em vigor a partir de 1º de janeiro de 2009.

Coordenador da Coleção: Rodrigo Portella

 Cultura e Religião

Dados Internacionais de Catalogação na Publicação (CIP)
(Câmara Brasileira do Livro, SP, Brasil)

Brandão, Carlos Rodrigues
   Prece e bênção: espiritualidades religiosas no Brasil / Carlos Rodrigues Brandão.
– Aparecida, SP: Editora Santuário, 2009. (Coleção Cultura e Religião)

   Bibliografia.
   ISBN 978-85-369-0166-4

   1. Brasil – Religião 2. Cultura – Brasil 3. Espiritualidade – Brasil 4. Religiões I. Título. II. Série.

09-04627   CDD-200.981

Índices para catálogo sistemático:

1. Brasil: Espiritualidades religiosas 200.981
2. Brasil: Religiões 200.981

Todos os direitos reservados à **EDITORA SANTUÁRIO** — 2009

 Composição, CTcP, impressão e acabamento:
EDITORA SANTUÁRIO - Rua Padre Claro Monteiro, 342
Fone: (12) 3104-2000 — 12570-000 — Aparecida-SP.

Ano: 2012   2011   2010   2009
Edição: **9**   8   7   6   5   4   3   2   1

Sumário

Introdução:
A prece e a bênção – algumas palavras para começarmos – 9
    Quem somos? – 10
    O que há neste livro? – 15

1. A Prece – 19
    O mapa da fé – 22

2. O corpo, a vida e a morte – 47

3. A Sagrada Família – 85

4. A bênção – 101
    As bênçãos do padre – 104
    A benzedeira católica e os passes dos espíritas – 105
    O passe do Caboclo Boiadeiro – 108
    As bênçãos dos evangélicos pentecostais – 109
    As bênçãos de cura divina – 111
    A oração da bênção na Congregação Cristã do Brasil – 114
    As bênçãos de Deus pela boca dos santos – 117
    A bênção, o exorcismo, a religião e a magia – 122

5. O Rito e a Festa
A prece e a bênção no plural – 125
A festa – 125
Funções? Significados? – 136
Festa de Santa Cruz – 138

6. Uma prece chamada folia – 141
Cantos e danças diante do sagrado – 141
Entre casa e casa, entre reza e festa – 152

7. Ser eleito, ser salvo, prosperar, salvar-se com os outros – 161
Um modo se ser, crer, pensar e orar entre outros – 161
Espiritualidades – modos de pensar e viver a fé e partilhar a crença – 163
A libertação como espiritualidade – 169

8. A presença do catolicismo no mundo religioso do Brasil de hoje – 189

Bibliografia – 201

Introdução

A prece e a bênção
– algumas palavras para começarmos

Dizemos a uma: uma é a casa de Jerusalém
onde Jesus morreu por nós. Amém.
Dizemos as duas: duas são as tabuinhas de Moisés
Onde é que Deus pôs os sagrados pés.
Dizemos as três: três são as três pessoas da Santíssima Trindade.
Dizemos as quatro: quatro são os quatro evangelistas.
Dizemos as cinco: cinco são as cinco chagas de Nosso Senhor
Jesus Cristo.
Dizemos as seis: são as seis velas bentas que arderam em Gaganéis.
Dizemos as sete: sete são os sete sacramentos.
Dizemos as oito: oito são as oito coroas dos anjos.
Dizemos as nove: nove são os nove meses
Que Nossa Senhora esteve pejada.
Dizemos as dez: dez são os dez mandamentos.
Dizemos as onze: onze são as onze mil virgens.
Dizemos as doze: doze são os doze apóstolos.
Dizemos as treze: treze são os treze raios do Sol.
Pelo poder de Deus Pai, Deus Filho, Deus Espírito Santo. Amém.

Oração das duas tabuinhas de Moisés, para ser rezada para a mulher ter o filho. Itinga – Minas Gerais.

Quem somos?

Somos uma nação que abriga várias sociedades. Vivemos em uma sociedade múltipla que abriga algumas ou várias culturas. Vivemos culturas que têm suas origens em grupos humanos diversos. Grupos étnicos, como os de nossos povos indígenas; grupos culturais e, no interior deles, grupos religiosos. Somos uma nação pluricultural e uma sociedade multiétnica. Habitamos em todo o Brasil com diferentes culturas, diferentes religiões, diferentes línguas e linguagens. Tomemos este último caso como um bom exemplo.

Quando perguntamos a alguém "Quantas línguas são faladas hoje no Brasil?", é comum que a resposta envolva sete, dez, até doze línguas. O português e as poucas línguas que chegaram ao Brasil juntamente com as levas de emigrantes da Europa e da Ásia: o espanhol, o italiano, o alemão, o russo, o japonês e mais algumas outras. Alguém poderá responder de maneira mais vaga e abrangente: "E mais as línguas dos nossos índios".

Ora, essas "línguas dos nossos índios" são mais de cento e setenta. São diferentes línguas dos mesmos ou de diversos troncos linguísticos de vários poços indígenas do Brasil. Grupos humanos criadores e portadores de diferentes maneiras de viver, de diferentes formas de pensar a vida, de diversas culturas, portanto.

De maneira semelhante, costumamos falar das tradições culturais dos "negros do Brasil". Logo nos vêm à mente algo como a "capoeira", o "candomblé" ou a "comida baiana". Esquecemos que os "nossos negros", tal como os "nossos índios", não são uma espécie de "gente qualquer", ao longo de séculos roubada de seus lugares de origem na África para virem trabalhar como escravos no Brasil. Eram grupos humanos provenientes de diferentes povos. Vieram de diferentes e, às vezes, distantes regiões da África. Falavam línguas igualmente muito diversas e possuíam "tradições culturais" tão ou mais diferenciadas das que as que separam alemães de franceses e italianos de espanhóis.

E, já aqui, um dos muitos mistérios da cultura pode ser reconhecido. Há povos de sociedades tribais muito simples e com aparato tecnológico bastante rudimentar, se comparado a de seus próprios vizinhos de floresta ou de savana. No entanto, a língua que um desses povos tribais fala é de extrema complexidade. Seu sistema linguístico leva anos para ser inteiramente aprendido por algum pesquisador que se aventure a tal proeza. De outra parte, um povo vizinho, com uma estrutura social bem mais complexa e um equipamento tecnológico bastante mais operativo, pode "falar uma língua" muito mais simples, muito mais fácil de ser inteiramente aprendida. E a língua, tal como a culinária, a vestimenta e outros tantos componentes interligados e interativos de uma cultura, é um entre seus vários sistemas simbólicos. A religião é um outro. E, assim como a língua, é um dos sistemas mais universais entre nós, seres humanos. Até onde sabemos, não existe povo algum, por "primitivo", simples e isolado que seja, que não tenha um sistema de crenças, de preceitos e de cultos.

Crenças: algo em que comunitariamente se acredita e que, de um modo ou de outro, ajuda a explicar por que existe o que existe, por que as coisas são como são, por que nós somos como somos, por que existem lado a lado a felicidade e o sofrimento, o que parece perene, quase eterno, e o que é efêmero, passageiro. Por que nascemos um dia e crescemos e geramos (ou não) os filhos que nos sucedem. Por que num outro dia morremos. E então? Acabamos por completo? Ou algo em nós, imaterial, invisível, mas dotado da mais íntima substância de nós mesmos nos sucede em alguma dimensão, em uma outra vida de um outro corpo, algum lugar longe, inatingível aos vivos e eterno aos mortos, revividos.

Preceitos: princípios, códigos e gramáticas sociais fundadas em crenças partilhadas, que nos dizem de forma mais concreta quem somos e quem são os outros. Como devemos agir por sermos quem somos. Como devem ser e interagir "nós" e os "outros", um pai e um filho, um homem e uma mulher, um ser humano e um ser divino. O que é certo e o que é errado. O que merece a bênção e a salvação ou a infâmia e a danação. Os "dez mandamentos" não tratam de outro assunto. "Amarás o senhor teu Deus de todo o teu coração" e "amarás o teu próximo como a ti mesmo"...

Cultos – ou que outros nomes tenham: "ritos", "rituais", "celebrações", "missa", "batismo", "velório". Maneiras que entre as mais diversas culturas os seres humanos criaram para não apenas em teoria e crença separarem o profano e o passageiro do sagrado e do eterno. Sacrifícios, festividades, comemorações, gestos pessoais ou coletivos carregados de afeto, de emoção, mas também de símbolos, sentidos e significados, através dos quais os homens acreditam entrar em contato com o que está além dos gestos da vida cotidiana. Algo com que se diz a um deus ou a uma deidade que neles se acredita. Que eles são amados ou adorados. Que merecem toda a reverência. Que deles se espera a presença, a bênção, a proteção, a defesa contra as forças do mal – porque se existe o "bem", o "mal" também deve existir – ou simplesmente o quinhão devido de chuva na terra, no tempo de semear o milho ou o arroz. Gestos humanos carregados ou não de palavras, de que a prece, a oração, pequenina que seja, é talvez a menor e mais pessoal expressão.

Nada mais presente, mais universal, mais solidamente estável e conservador, mas também mutável e transformador do que a *religião*. Aqui, a vemos única e quase imutável em um grupo social das dimensões de nossas tribos indígenas da Amazônia. Ali a vemos múltipla, dentro de uma mesma tradição religiosa ou no entrecruzamento de várias delas. Em uma, um apelo fundamentalista e quase sectário à exclusividade; o número restrito e controladamente prescrito de fiéis separados de todos os outros, como quem navega em uma barca na qual somente cabem, para sempre, os que lá estão.

Em outra, uma casa ampla, com as portas e janelas sempre abertas e escancaradas, aonde chega quem quer que seja e de onde venha. A multiplicidade, a interconectividade e a volatilidade, de e entre as religiões do momento presente não devem ser vistas como um fenômeno de nossos tempos. Como algo típico de nossa "pós-modernidade". Uma leitura atenta da Bíblia revelará que, desde os tempos de Abraão e de Moisés, já os povos vizinhos de uma pequena porção de terra entre o mar e o deserto acreditavam, cultuavam e guerreavam em nome dos mesmos ou de diferentes deuses. Sabemos também que à medida que se afastaram de suas rígidas crenças e de restritos preceitos judaicos de origem – a circuncisão entre eles –, os "do caminho", ou os "seguidores de Cristo", que somente muito depois viriam a ser reconhecidos como "cristãos" e como praticantes de uma religião nova, adotaram pouco a pouco nomes, formas de cultos e crenças originários de outras religiões.

Em uma diferenciada e complexa sociedade ancestralmente multiétnica e tradicionalmente pluricultural, este fator originário de experiência histórica e cotidiana de diversidade e de inter-relação, de integração e de interação entre o igual a mim, o parecido comigo, o diferente de mim e o divergente de nós recobra um desafio e uma importância maior ainda.

O que há neste livro?

Pensemos este livro dividido em diferentes partes que desejam juntas, mas em suas dessemelhanças, dizer mais ou menos uma coisa só: como somos nós, as gentes brasileiras como pessoas e como culturas que acolhem, que criam, que preservam e que transformam as religiões, as tradições religiosas, as confissões de fé e crença.

No primeiro capítulo, logo após esta *introdução*, que deve ser lida como um mapa de nosso percurso, descreveremos, através do menor e mais pessoal rito religioso, a *prece*, algumas formas de experiência simples e devota de comunicação com o sagrado entre diferentes tradições religiosas do Brasil. Melhor do que dizer teorias a respeito do que as aproxima e distancia, talvez seja compreender como seus fiéis, devotos, seguidores, crentes, adeptos, clientes, dizem quando se imaginam falando com seu deus, com seus deuses, com santos ou mesmo com outros seres e objetos sagrados, sejam eles celestiais ou não. Para fazer isso, desenharemos alguns mapas-quadros que reúnam e disponham, em alguma ordem pelo menos, a face mais visível e conhecida do universo das tradições religiosas no Brasil.

No segundo capítulo continuaremos trilhando caminhos entre algumas espiritualidades brasileiras, focando-as agora sobre "a casa da alma": o *corpo*. Percorreremos de maneira simples e sumária algumas crenças tradicionais de fundo religioso a respeito do mistério do ser humano em suas imagens do corpo e, através dele, também do espírito e da alma. Enfim, do que se acredita compor e integrar o todo de uma pessoa.

Demos ao terceiro capítulo um nome bastante familiar, sobretudo entre os católicos: *A Sagrada Família*. Nele saltaremos da individualidade do corpo da pessoa, de seu destino entre a vida e a morte, para um momento de coletivização. E, sobretudo no paralelo entre a tradição do *catolicismo popular* e as tradições do *pentecostalismo evangélico*, procuraremos compreender como a unidade familiar pode ser – ou não –, ao mesmo tempo, o lugar terreno da vida religiosa e a metáfora da própria construção de um imaginário sobre a realidade celestial.

Depois da prece pessoal, a *bênção* talvez seja uma das mais constantes e singulares práticas da vida religiosa. Um quinto capítulo a trará para nosso livro e nele apenas descreveremos, após algumas breves considerações iniciais, a maneira como – entre o padre e a benzedeira e entre ela e o pastor evangélico – a bênção é compartida entre duas pessoas, entre algumas pessoas ou mesmo entre uma pessoa e uma pequena multidão.

Logo em seguida, em um quinto capítulo, saltaremos de crenças e práticas de fé mais pessoais ou interpessoais, como a prece e a bênção, para dimensões mais plurais da vida religiosa. Para preces que deságuam em ritos, em celebrações coletivas. Em ritos que, juntos e em uma complexa interação entre a "devoção e a diversão", realizam-se como a *festa religiosa*. Nesse e no capítulo seguinte, o sétimo, dedicado a um ritual específico, a "Folia de Santos Reis", percorreremos caminhos mais centrados em vivências tradicionais do catolicismo.

Existem muitas maneiras de pensar diferenças e até mesmo de classificar sistemas religiosos, religiões, igrejas, seitas[1] ou outras comunidades de fé. No sétimo capítulo consideraremos uma entre outras tantas diferenças – mas nunca desigualdades – possíveis. Trabalharemos entre os intervalos que separam quatro modalidades de teologias ou, em termos mais próximos aos termos deste livro, quatro alternativas de espiritualidades: a *espiritualidade de*

---

[1] Há hoje uma polêmica a respeito do uso da palavra "seita" e, sobretudo, a oposição – nem sempre devida – entre igreja e seita. A palavra "seita" será evitada aqui, dado que outras palavras com menor peso desqualificador existem e podem ser empregadas. São exemplos: "pequena igreja", "comunidade de crença", "comunidade de fé". De qualquer maneira, parece-nos oportuna ainda a distinção estabelecida pelo sociólogo francês Émile Durkheim em seu conhecido livro *As formas elementares da vida religiosa*. Em termos muito simples e diretos, Durkheim reconhece a *Igreja* como a comunidade de crença e culto institucionalizada sobre a oposição entre uma hierarquia eclesiástica e um amplo corpo de fiéis. De outra parte, a seita em geral envolve a comunidade fechada de fiéis separados de outros por oposições sociais e simbólicas bem definidas e dirigidos por um líder carismático ou uma pequena e transitória corporação carismática herdeira do carisma de seu líder fundador. De igual maneira Durkheim opõe a religião à magia, socialmente, lembrando que a *Igreja* é sempre uma comunidade de sacerdotes mais ou menos fiéis, enquanto a magia (e todas as suas variantes) envolve sempre uma teia de magos (mágicos, feiticeiros, xamãs etc.) aliados, isolados ou rivais e seus seguidores, muito mais clientes eventuais do que fiéis devotos, como na religião. Durkheim declara enfaticamente que não existe Igreja sem uma comunidade organizada, na mesma medida em que não há "Igreja mágica".

eleição; a *espiritualidade de salvação,* a *espiritualidade de inversão* e a *espiritualidade de libertação.* Um tempo bastante maior entre palavras e ideias deverá ser dedicado a esta última espiritualidade. O oitavo capítulo valerá como nossa conclusão. Retomaremos algumas ideias algum dia escritas, como respostas a uma entrevista para a revista eletrônica do *Instituto de Estudos da Religião,* e procuraremos, com elas, repensar algumas dimensões da presença da experiência católica no mundo religioso do Brasil de hoje.

A *Bibliografia,* ao final, deverá incorporar tanto livros e artigos utilizados ao longo dos capítulos quanto outros – antigos e mais atuais –, cuja leitura poderá ser proveitosa a quem deseje aprofundar o que aqui deverá ser lido apenas como uma entre outras possíveis compreensões de alguns aspectos e dimensões da vida religiosa no Brasil de hoje.

1

A Prece

Sabemos que existem incontáveis livros de oração: falam sobre como orar, modos de oração, suas variantes, o exemplo do orar de santos e outros "orantes" exemplares. Entre as pessoas que eram jovens nos anos sessenta foi muito lido e conhecido o livro *Poemas para rezar*, de Michel Qoist. Várias editoras publicaram no passado e seguem editando até hoje livros de preces e orações pessoais ou de cultos coletivos. Em tempos mais ecumênicos começam a aparecer em português livros com orações de algumas, ou mesmo de muitas, tradições religiosas[1].

---

[1] Alguns exemplos: *Um pequeno livro das preces,* uma antologia organizada e apresentada por Gerald Messadié, e publicada em português pela Editora Martins Fontes, de São Paulo, em 2005; *Sede de Deus: Orações do Judaísmo, Cristianismo e Islã,* organizado por Faustino Teixeira e Volney Berkenbrock e publicado pela Editora Vozes, de Petrópolis, em 2002.

Existem poucos livros ou mesmo artigos científicos sobre a oração, suas teorias, suas razões e seus momentos, entre a da pessoa de fé e a da comunidade de crença. Um dos mais antigos, dos mais bem acabados e dos mais lembrados, ainda hoje, foi escrito no começo do século XX. Seu autor é Marcel Mauss, e o longo estudo tomou este nome: *A prece*[2]. A um estudioso atento, logo as primeiras palavras de Mauss são convincentes; ao homem de fé, comoventes. Ei-las.

De todos os fenômenos religiosos, poucos há que, mesmo se considerados apenas externamente, dão de maneira tão imediata como a prece a impressão da vida, da riqueza e a complexidade. Ela tem uma história maravilhosa: partindo de baixo, elevou-se, aos poucos, até os cumes da vida religiosa. Infinitamente flexível, revestiu as formas mais variadas, sucessivamente adorativa e constrangedora, humilde e ameaçadora, seca e abundante em imagens, imutável e variável, mecânica e mental. Desempenhou as funções mais diversas: aqui é uma petição brutal, ali uma ordem, alhures um contrato, um ato de fé, uma confissão, uma súplica, um louvor, um hosana.[3]

Ora, para os efeitos do que nos irá interessar em nossos caminhos das próximas páginas, Marcel Mauss define assim a oração:

---

[2] Está no livro *Ensaios de Sociologia*, publicado pela Editora Perspectiva, de São Paulo, em 2001.
[3] Marcel Mauss, *Ensaios de Sociologia*, p. 229.

A oração é uma palavra. Ora, a linguagem é um movimento que tem em meta um efeito; no fundo, é sempre um instrumento de ação. Mas age exprimindo ideias, sentimentos que as palavras traduzem expressamente e substantivam. Falar é, ao mesmo tempo, agir e pensar: eis por que a prece depende, ao mesmo tempo, da crença e do culto.[4]

Quando uma pessoa ora, reza, diz ou cria com o corpo uma prece, ela pode estar a sós, como no conselho de Jesus Cristo no Evangelho. Pode estar em um par, como num casal orante. Pode estar em família, em meio a um grupo de amigos ou mesmo em um time de futebol antes do jogo. Pode estar orando a sua oração pessoal no meio de uma multidão ou pode unir-se à mesma multidão em uma mesma "reza". No entanto, em sua forma mais simples e, talvez, mais arcaica, a prece parece ser um gesto solitário. Algo que se passa entre o fiel e a divindade. Entre um ser humano, crente, e um santo, um ser ou mesmo um objeto sagrado – como a "Santa Cruz" – tido como alguém que ouve a prece e, ora sim, ora não, atende uma súplica. Mesmo em uma coletiva "reza de terço", cada participante dirige-se em pessoa a Deus Pai, a Jesus, a Maria, a Yavé, a Alá, a Xangô ou mesmo a Buda, com um sentimento, desde uma identidade, através de uma forma própria e pessoal de fervor. E há algo na prece que a torna universalmente original – afo-

---

[4] Marcel Mauss, *Ensaios de Sociologia*, p. 230.

ra ser o menor e mais íntimo e identitário dentre todos os rituais da vida religiosa. É que a prece pode ser proferida em qualquer lugar, a qualquer momento.

Veremos em outros momentos deste livro que os outros rituais, todas as outras celebrações ou cerimônias da experiência religiosa, envolvem as mais diferentes formas de prece, de oração. Ora-se, reza-se, vive-se o momento pessoal, grupal ou coletivo da prece em silêncio (interiormente), murmurando, falando, gritando, bradando, cantando, dançando, gestualizando, representando.

Procuremos ver, neste capítulo e nos próximos, como em diversos momentos e entre diferentes tradições religiosas no Brasil – algumas apenas, nunca todas e nem mesmo muitas – pessoas e grupos de fé e crença, da família à pequena multidão de crentes congregados, celebram o sagrado. Procuremos de início desenhar neste capítulo um pequeno e sempre incompleto e imperfeito "mapa da fé" das diferentes tradições de espiritualidades do/no Brasil.

O mapa da fé

Por tudo isso, eu vos conjuro,
Dizei-nos palavras abundantes
Carai Ru Etê, Carai Chi Etê.
E é assim que eu digo de novo
– eu que sou aquele que tu ornaste –
que é de ti que estou novamente à escuta
com vistas às normas para a força,

que eu faço que eles de novo fiquem à escuta.
Graças a tudo isso, então eu te conjuro.
Farás que sejam proferidas as palavras abundantes
Quanto às normas para obter a obstinação,
Quanto à futura sede do meu lar,
Revelai-me tudo isso, Carai Ru Etê, Carai Chi Etê.[5]

Enfeitados com plumas de aves e pintados no rosto e no corpo com as tintas rituais, os profetas Guarani erguiam a *Carai Ru Etê*, uma de suas divindades, as suas preces, não raro em êxtase, tomados de visões. O corpo ereto, a cabeça erguida em direção a *Yvy mara ei*, a Terra sem Males das profecias e dos desejos de uma tribo de errantes, sempre em busca de algum lugar mais a Leste. Um lugar de felicidade e perfeição talvez existente além do grande oceano.

Foi assim que os encontraram os primeiros colonizadores e missionários espanhóis e portugueses. Assim também os sobreviventes dos índios Guarani[6] vivem e oram hoje, em algumas matas e campos entre a Argentina, o Paraguai, o Brasil e, em menor escala, a Bolívia. E o que dizem esses *Karai*, esses homens-profetas da tribo, quando cantam preces e dançam profecias aos seus deuses ou para

---

[5] Ver *Terra sem Males*, de Hélène Clastres, p. 19.

[6] Por convenção linguística, a não ser em raros casos, os nomes dos povos tribais no Brasil não são pluralizados.

homens da tribo? A seus deuses eles suplicam o não-esquecimento. Que o Pai Primeiro os inunde a memória das belas palavras; das palavras abundantes. Ditas aos homens, elas são o anúncio perene do dever de não esquecer o destino da tribo em busca da Terra Sem Males.

Do dever de perseverar sempre. Mas perseverar no quê? No rigor. Na regra antiga dos costumes dos ancestrais. Perseverar em não ser como os outros; em não ser, mais do que tudo, como os brancos, dominadores e perene tentação. Que o índio se livre dos desejos da carne, da vida fácil que cerca a tribo e a ameaça de perder-se a si mesma. Pois toda a ética regida pela fé e o desejo da identidade não vêm a ser mais do que uma vontade ardente de não esquecer. Eis uma ética e uma espiritualidade primitivas de rara beleza. Quatrocentos e cinquenta anos de genocídio e conversão imposta não as destruíram.

Tal como os Guarani, é provável que muitos outros povos indígenas tenham pelos homens brancos um mesmo piedoso desprezo. Demograficamente muito mais numerosos, cultural e politicamente hegemônicos, para os Guarani os brancos são os "não-enfeitados". Não aprenderam com os antigos as palavras de sabedoria, não sabem os cantos e danças por meio dos quais os deuses ouvem as preces dos humanos. Não decifram o futuro e não buscam a mesma verdade. Humanos como os índios, os homens brancos *caraíbas* não são verdadeiros homens. E por quê? Porque eles não aprenderam a ouvir os deuses. A escutar o secreto de suas palavras. A decifrar o que eles querem dizer aos homens quando ouvem suas preces, entre palavras e cantos.

Se por um momento pudéssemos viajar entre os lugares, as pessoas e os símbolos de uma pequena comunidade rural do Centro-Oeste do Brasil – que bem poderíamos tomar como modelo de uma infinidade de muitas outras – seria possível conhecer um pouco mais de perto os tipos sociais, étnicos e religiosos de nosso país. Este seria um pequeno exercício atraente e útil. Ele serviria para traçar um primeiro mapa das diferenças internas daquilo a que, apenas de uma maneira genérica, pode ser dado o nome de "o povo brasileiro". Por outro lado, esse desenho de palavras serviria para desenharmos um segundo mapa: o das diferenças e das aproximações religiosas.

E esse segundo desenho é importante aqui, porque ao invés de descrever os aspectos essenciais de uma espécie de espiritualidade abstrata do homem brasileiro, poderíamos apresentá-la em seus contrapontos entre uma espiritualidade do *catolicismo popular*[7], uma espiri-

---

[7] No ano de 1986, a *Revista Eclesiástica Brasileira* dedicou todo o n°. 36, fascículo 141, a uma análise do catolicismo popular no Brasil. Cientistas sociais e teólogos produziram então artigos, e alguns deles podem ser considerados atuais até hoje. Frei Leonardo Boff, cujos escritos polêmicos sobre a Teologia da Libertação mais tarde o tornariam mundialmente conhecido, procura estabelecer da seguinte maneira uma das dimensões da identidade de um catolicismo popular: "Popular é o que não é oficial nem pertence às elites que detêm a gestão do Católico. Catolicismo popular é uma encarnação diversa daquela oficial romana, dentro de um universo simbólico e de uma linguagem e gramática diferentes, exatamente

tualidade das *religiões de origem afro-brasileira*[8] e, finalmente, uma espiritualidade das confissões *pentecostais do protestantismo*, que em nossos dias multiplicam-se na cidade e no campo, em todas as regiões do país.

Para que tenhamos uma primeira ideia de diversidade religiosa no Brasil, podemos por um momento acompanhar um quadro que sintetiza as tradições de origem indígena, afro-brasileira e outras. Olga Gudolle Cacciatore realizou uma bem elaborada classificação dos cultos religiosos populares e, especialmente, dos chamados cultos afro-brasileiros. A virtude de sua classificação está em dispor os sistemas religiosos distribuindo-os ao longo das etapas históricas no Brasil, tornando assim evidente a sua própria dinâmica. Algumas dessas tradições religiosas já haviam realizado um primeiro momento de sincretismo na própria África, durante as várias guerras intertribais do passado, e nos empórios de escravos. No Brasil, de cada porto de chegada distribuída chegavam não apenas pessoas, mas, através delas, culturas, religiões e cultos para outras várias regiões do Brasil.

---

aqueles populares. Por isso ele não deve ser encarado necessariamente como um desvio em relação ao Catolicismo oficial. Constitui um diferente sistema de tradução do Cristianismo dentro de condições concretas de vida humana".Ver *Catolicismo Popular: que é Catolicismo*, in: Catolicismo Popular – REB 36, março de 1976, p. 49 e 50.

[8] Ver *Dicionário de Cultos Afro-Brasileiros*, p. 22 e 23.

	Cultos e sistemas religiosos indígenas anteriores ao descobrimento do Brasil	Religiões indígenas diversas. Religiões das tribos amazônicas	Pajelança (+ Amazonas e Piauí)
	Cultos europeu-populares no Brasil	Catolicismo popular Espiritismo kardecista popular	
	Mais tarde	Ocultismo (da Cabala hebraica, vindo através da Europa)	
Cultos afro--brasileiros Iª etapa	CANDOMBLÉS	Origem sudanesa	1) NAGÔ (iorubá) – subdivisões: ijexá (Bahia), keto (Bahia), oyó (RGS) etc. Pernambuco (xangôs), Maranhão, Casa de Nagô) 2) JEJE (daomeano) (Bahia) 3) JEJE-NAGÔ (Bahia) 4) MINA-JEJE (Maranhão) (Casa das Minas – Maranhão) 5) MUÇURUMIM (muçulmano) (Bahia)
	Organizados somente a partir do séc. XIX	Origem bântu	6) ANGOLA (Bahia e Rio de Janeiro), 7) CONGO (Bahia, RJ) 8) ANGOLA-CONGO (Bahia, RJ)

2ª etapa	Nagô Pajelança Angola-congo Pajelança	Candomblé de caboclo (BA) Toré e catimbó (nordeste e norte), com posteriores influências espírito-kardecistas e católicas	
3ª etapa	Nagô Muçurumin Angola-congo (inclusive cabinda – "cambinda") Candomblé de caboclo	MACUMBA – (primitiva) que depois se transformou em feitiçaria (RJ)	
4ª etapa	Macumba primitiva Catolicismo Espiritismo kardecista Ocultismo	UMBANDA (RJ)	Popular Esotérica
	Macumba transformada	QUIMBANDA (RJ)	Popular
5ª etapa em todo o Brasil	UMBANDA "traçada", tendendo mais para o lado do Candomblé, ou mais para o Kardecismo, havendo dois ou mais tipos intermediários	Mistura de Umbanda c/ candomblés de diversos tipos	Umbanda-angola (emolocô) Umbanda-nagô Umbanda jeje etc.
		"Umbanda de branco" ou "Umbanda de Caritas" (com mesa)	

Com violas, caixas e pandeiros, homens e mulheres católicos da *"igreja popular"* (o nome se dá, em alguns locais do Brasil, às comunidades e movimentos progressistas dos cristãos de tradição católica seguidores da *Teologia da Libertação*) cantam, durante uma missa de que muitos participam, o anúncio de um tempo de justiça e fraternidade, quando o "Povo de Deus" houver resgatado para o "pobre da Terra" as promessas do Evangelho. Diante do altar, uma mesa tosca à volta da qual estão todos. Eles "apresentam a Deus Pai" suas ferramentas do ofício e os frutos do trabalho. E cantam:

> A nossa esperança vai realizar
> Esta vida triste vai acabar.
> Por isso que eu canto e vou cantar
> Pois sei que um dia nós vai libertar.
>
> Jesus é o caminho, nós tá no caminhando
> Para um mundo novo nós vamos lutando.
>
> Todo o orgulho vai ser derrotado
> Quem está com Jesus vai ser libertado.
> Todos nós é livre, não tem mais opressão
> Jesus é a vida, o amor e a união.
>
> Vai ser todos iguais, todos nós irmãos
> Ninguém explora o outro nem tem ambição.
> Avareza e egoísmo vai acabar
> E de braços dados nós vamos chegar.[9]

---

[9] Este canto, muito comum em todas as comunidades eclesiais de base do país, chama-se "A nossa esperança vai realizar". Do livro de cantos: *Nós lavradores unidos, Senhor: livro de cantos para ser usados pelos lavradores nas suas reuniões, celebrações e festas*, p. 53.

Este canto é como muitos outros. Ele foi feito por lavradores da "*Igreja da Libertação*". Como vários outros cantos de neotradição católica ou mesmo ecumênica que associam o amor à justiça e a missão do cristão em nome de uma luta contra os "opressores" e seus poderes terrenos, de que o capitalismo é pior símbolo e o maior inimigo, ele se difundiu entre inúmeras comunidades eclesiais de base em todo o Brasil.

Esta não é, no entanto, "toda a Igreja Católica" entre nós, e nem representa todas as alternativas de vivência do catolicismo do povo brasileiro. É dezembro, entre o Natal e a Festa da Epifania. Saindo de alguma casa no campo ou na periferia de uma cidade, um grupo de devotos portadores de violas, violões, caixas e pandeiros "viaja" de casa em casa anunciando aos moradores e vizinhos o nascimento de Jesus Cristo. Eles são os participantes de uma *Companhia de Santos Reis*. São artistas-devotos "viajeiros de Santos Reis". Todos os anos, entre 25 de dezembro e 6 de janeiro, os "foliões" visitam casas, cantam anunciando a sua "missão", pedem esmolas para a "Festa de Santos Reis", distribuem bênçãos onde são recebidos como emissários de um Deus-Menino. O que eles entoam é um longo "cantorio" de anúncio do Nascimento de Jesus Cristo. Eles nos esperam em um capítulo adiante.

Se os homens e as mulheres das comunidades eclesiais de base pertencem a um ramo de uma "igreja popular" dentro do catolicismo, esses piedosos lavradores distanciados de qualquer vínculo de crença, culto e ação religiosa que subordine o ser católico a uma prática político-pastoral militante partilham, com uma imensa maioria de "devotos", o "catolicismo popular" dentro da Igreja Católica. Mas em várias experiências de comunidades eclesiais de base, rituais do catolicismo popular, como as próprias Folias de Santos Reis, foram incorporadas às suas celebrações. E é possível que cantem juntos:

> Pai Eterno, soberano,
> Tá com seus anjos a mão
> Peço a vós para cantar
> O Natal anunciando.
>
> Meia noite já foi dada
> Meu cantar anunciou
> Em honra do Filho da Virgem
> Muito alegre nós cantamos.
>
> Da terra nasceu a rama
> Da rama nasceu a flor
> Da flor nasceu Maria
> De Maria o Redentor
>
> Os Três Reis vêm pelo mundo
> E nós adoramos também
> Adoramos o Deus Menino
> No presépio de Belém.[10]

---

[10] Ver "Em nome de Santos Reis": viagens de um ritual camponês entre poderes da Igreja. In: *Memória do Sagrado*, de Carlos Rodrigues Brandão.

Ao mesmo tempo algo próximos e também distantes dos "católicos da libertação" e quase sempre indiferentes aos rituais coletivos de festa devota dos "católicos populares", diante do altar de uma igreja de classe média, com as mãos dadas e após haverem orado um "Pai Nosso", alguns integrantes de uma comunidade de católicos da *Renovação Carismática* elevam, cada um a seu modo, suas preces a Deus com gestos e entre falas que, de longe, bem poderiam ser confundidas com as orações fervorosas dos cristãos "crentes" de uma *Congregação Cristã no Brasil*, de uma *Assembleia de Deus* ou de uma *Igreja Pentecostal "O Brasil para Cristo"*. Não fossem estes "irmãos pentecostes", "pentecostalistas", "pentecostais", "línguas de fogo" tão críticos das formas de crença e de culto dos católicos, todos os "carismáticos" poderiam confundir-se em uma mesma rama do cristianismo, hoje tão crescente entre pessoas de pequena classe média e do povo de todo o Brasil.

E ali estão eles, reunidos em um templo próximo à saída da cidade, os "crentes", os "salvos no Senhor" de uma Congregação Cristã no Brasil, aos dois lados da pequena igreja sempre igual por todo o país, os homens, vestidos de terno e gravata, à direita, e as mulheres, com as cabeças cobertas por um véu branco, à esquerda. Uma pequena banda de instrumentos de sopro e caixa os ajuda a entoar um hino que antecede um coro suplicante, alto e desordenado de vozes e gritos, entre preces e também anúncios da "palavra do Senhor", bradados por aquele que "falam em línguas". A uma ordem do "cooperador" todos os irmãos lançam a Deus murmúrios, falas de testemunho de fé, orações que aos poucos emudecem para que apenas a súplica de um orante se faça ouvir, enquanto o coro dos outros brada, entrecortando a prece única, "aleluias" e gritos de "amém", "amém, Senhor Jesus"!

Ó Deus misericordioso, Deus Todo-Poderoso, Senhor Jesus nosso Deus bendito, nosso Pai e nosso Senhor, ouve, ó Jesus Deus Todo Poderoso, a súplica dos teus filhos; ouve, ó Deus bendito, as preces do teu povo, dos teus crentes, Deus Misericordioso, Senhor Bendito! Derrama as tuas graças. Derrama as tuas bênçãos, Jesus Bendito; o Espírito de Deus Bendito, derrama o teu poder sobre o teu povo, opera maravilhas, ó Deus Bendito e misericordioso! Afasta de nós, Jesus amado, todas as tentações; és o Senhor Deus, e todos os teus crentes te amam! Vem, ó Deus, abre os nossos corações, opera as tuas maravilhas, livra o teu povo santo das tentações do mundo. Salva o teu povo, ó Deus Bendito!

Um solene "amém" de todos os orantes finaliza o momento de prece ao mesmo tempo tão individual (pois cada um diz a sua) e tão coletiva (pois e todos oram ao mesmo tempo). E quando se dirigir em pregação aos irmãos "crentes", o "cooperador" da comunidade perguntará se é possível que o verdadeiro Deus não esteja presente "aqui", e se ele não operará milagres e maravilhas entre o "seu povo santo", tal é o seu fervor. O mesmo fervor religioso que ele lembrará haver desaparecido das igrejas dos outros "irmãos evangélicos" e que nunca existiu entre os "católicos romanos", esquivos desviadores furtivos da verdadeira religião dos verdadeiros "filhos de Deus".

Não tão longe dali, alguns "irmãos de fé" de um terreiro de umbanda terão feito na noite anterior uma longa "gira" aos seus orixás e espíritos protetores. Os corpos dos homens e mulheres vestidos de branco ou das cores do deus protetor de cada fiel; os toques ora mais lentos, ora exaltados dos atabaques, acompanhados de palmas e cantos.

> Pai, abre a nossa gira com Deus e Nossa Senhora
> Pai, abre a nossa gira Samborê Pemba de Angola,
> Pai, abre a nossa gira com Deus e Nossa Senhora
> Saravá Pai Oxalá, Samborê Pemba de Angola.

As preces e anúncios de chegada ou de haverem "baixado" deuses vindos da África com os escravos se sucedem: Oxalá, o Pai dos deuses, Xangô, Oxossi, Iemanjá e outras divindades. E também seres místicos criados em tempos bastante mais recentes, aqui mesmo no Brasil, como a Cabocla Jurema, os bondosos Pretos Velhos, as irreverentes Pombas-Gira e a Cabocla Jurema.

Entre os presentes, entre cantos, palmas ou toques de atabaques, alguns serão possuídos, entrarão em transe e assumirão a forma dos gestos e os passos de dança do ser divinizado ou supra-humano que os possui. Na mesma ida, é provável que duas ruas acima, em uma casa comum com apenas uma placa pequena na porta anunciando um "centro espírita", à volta de uma mesa coberta de toalha branca, um outro grupo de iniciados em cultos mediúnicos trace em círculo uma corrente de energia espiritual destinada a chamar os espíritos à Terra e fazer com que se incorporem aos corpos e seres de médiuns, agentes religiosos do espiritismo kardecista.

Eles não "recebem" orixás e outras divindades e mediadores africanos, indígenas ou de outras etnias, como a adeptos do candomblé, da umbanda, da casa de minas, do xangô e do batuque, espíritos não dos mortos, mas de "desencarnados", como preferem denominá-los. São tomados ora por "espíritos das trevas", vagantes perdidos no "espaço" a quem ajudam a realizar seu destino ainda desconhecido; ora por "espíritos de luz" que de suas moradas em outras esferas do Cosmos vêm à Terra para ajudar os vivos com conselhos de sabedoria e poderes espirituais de cura dos males do corpo ou da alma.

Na mesma noite de sábado, homens e mulheres adeptos da *união do vegetal* terão participado de um restrito cerimonial de sua religião, ainda nova e pouco difundida no país. Sem a menor intenção de converter outras pessoas à sua fé, os adeptos do "vegetal" terão ingerido a *ayuasca*, uma mistura de dois vegetais que acreditam ser de remota origem incaica ou talvez ainda de um povo mais anterior. A *união do vegetal* é uma derivação de uma tradição religiosa originária das florestas do Acre, entre seringueiros, e cujo nome original é *santo daime*. Tanto em Rio Branco, a capital do Acre, como em outras cidades do mesmo estado e de vários outros no Brasil, o *santo daime*, a *união do vegetal* e outras tradições derivadas do "daime" multiplicam sem pressa comunidades de fé e de prática ritual em que a ingestão cerimonial da ayuasca é o centro do culto.

Engana-se quem imagina que fora as religiões e/ou tradições confessionais consagradas, como o catolicismo, as denominações do protestantismo, as pequenas comunidades de judeus, de budistas e de muçulmanos existentes no Brasil, todas as outras formas de religiosidade mais popular, como o catolicismo dos camponeses, o candomblé dos negros e mestiços, o pentecostalismo dos homens e mulheres pobres das vilas e favelas das cidades do país, existam apenas em sertões mais distantes ou em cidades mais pobres do Nordeste e do Centro-Oeste. Elas e muitas outras estão presentes e em franco crescimento dentro e à volta de todas as cidades e capitais do Brasil. E a elas somam-se: a *fraternidade eclética espiritualista universal*, o *vale do amanhecer*[11] e outras, entre tantos nomes e formas de crença e espiritualidade e cultos coletivos.

Mesmo – ou principalmente – dentro do universo do catolicismo há crescentes e grandes diferenças de crenças, de fundamentos teológicos e espirituais da fé e de formas de viver a experiência religiosa como prece, bênção e rito. Vimos já isto de maneira sumária e

---

[11] Antropólogos como Peter Silverwood-Cope, Ana Lúcia Galinkin e Eurípides da Cunha Dias, todos eles em algum momento vinculados à Universidade de Brasília, realizaram pesquisas sobre as neorreligiões do Planalto Central no Brasil. Ver, por exemplo, de Eurípides da Cunha Dias, *Fraternidade Eclética Espiritualista Universal: tentativa de interpretação de um movimento messiânico*, 1974.

voltaremos ainda a esta questão. Hoje em dia, aquilo que poderia ser chamado uma "espiritualidade do povo brasileiro" é, na verdade, um amálgama, uma complexa tessitura de diversas maneiras de ser "religioso", "crente", "fiel", "devoto" ou simplesmente "uma pessoa espiritual", de viver a sua fé, de sentir a presença do sagrado e de pensar identidades, sentidos de vida, projetos de destino, visões de mundo e significados da própria divindade diversos e, não raro, até mesmo divergentes.

Para que possamos "ver" diante de nós e compreender as variantes de espiritualidades de que estamos falando aqui, vamos prosseguir com nosso "mapa do sagrado" simples, resumido, mas abrangente. Ele poderia tomar a forma de um retângulo, onde fossem sendo dispostas as alternativas do que estamos chamando aqui de *tradições religiosas*. Ou, se quisermos, as variantes de confissões, agências ou unidades religiosas que mereçam ser consideradas como fontes de *sistemas culturais de espiritualidade*.

Tendo diante de nós a imagem de um retângulo com linhas e colunas imaginárias, coloquemos em um extremo, à esquerda, o conjunto variado das religiões indígenas de nações, tribos e famílias: *Tupi, Jê, Aruak, Pano* e outras mais, algumas delas até hoje sem contato algum com o "mundo dos brancos", outras até agora ainda não classificadas sequer segundo o seu tronco linguístico. A oração guarani com que abrimos este capítulo caberia aqui.

Na direção oposta, coloquemos no ponto extremo à direita as religiões de outros grupos étnicos e nacionais também minoritários no Brasil. Ao contrário dos índios, eles e suas tradições religiosas chegaram de fora há não muito tempo, são majoritariamente urbanas e estão integradas em suas sociedades de acolhida: os judeus e os muçulmanos, os budistas, os taoistas, os confucionistas e as outras várias antigas tradições religiosas culturalmente "orientais". Entre os cristãos, as minorias de russos, gregos e armênios *ortodoxos*. Outros grupos "exóticos" (vindos de fora) e francamente minoritários poderiam estar aqui também.

Mais à direita, ao lado do espaço dado aos sistemas indígenas de crença e culto, coloquemos o conjunto de tradições religiosas derivadas de antigas religiões tribais africanas, ou de criações religiosas já no Brasil, mas de reconhecida origem "afro". Vindos com os escravos da África, sabemos que diferentes experiências culturais religiosas preservaram antigas formas e nomes, enquanto outras ganharam novos nomes e desenvolveram espiritualidades cuja presença e influência na vida religiosa do Brasil não são pequenas. Ao falarmos de palavras já reunidas aqui em um quadro, páginas acima, como o *candomblé*, *a casa de minas*, o *xangô* e o *batuque*, é a diferentes religiões de vocação mediúnica, fundadas sobre variações religiosas da possessão, que estaremos nos referindo. Pelo seu caráter também mediúnico, bem menos do que por suas origens, aqui poderiam estar a umbanda – considerada por muitos como a única religião de dimensões nacionais propriamente brasileira – e o espiritismo kardecista, cuja origem é, bem sabemos, branca, letrada e europeia.[12]

Algumas de criação e, sobretudo, de expansão bem mais recente, outras mais antigas. Logo na coluna seguinte poderiam estar sistemas religiosos que, com diferentes vocações, guardam com as antecedentes alternativas de culto dos espíritos e de comunicação entre eles e os seres humanos. Algumas têm origens próximas ou remotas em cultos de origem afro-brasileira, mesclados com componentes simbólicos indígenas – tal como na própria *umbanda* – e/ou com elementos vindos do espiritismo kardecista. Podemos lembrar mais uma vez a Legião da Boa Vontade, a comunidade do Vale do Amanhecer, a Fraternidade Eclética Espiritualista Universal e outras, algumas delas de muito recente criação e menos conhecidas e disseminadas pelo país.

---

[12] Existem inúmeros livros de doutrina e espiritualidade *espírita kardecista*. Na verdade, esta religião tem sido uma das mais motivadas à publicação de revistas e livros de divulgação e aprofundamento de seus princípios de crença. Em contrapartida, ao contrário do que acontece com os cultos e as crenças afro-brasileiros, a respeito dos quais existe uma abundante bibliografia no Brasil, quase não há estudos científicos sobre o espiritismo. Um deles, no entanto, merece ser lido: *O Mundo invisível – cosmologia, sistema ritual e noção de pessoa no Espiritismo*, escrito pela antropóloga Maria Laura Viveiros de Castro Cavalcanti. Ver também, de Cândido Procópio Ferreira de Camargo, *Kardecismo e umbanda*. Para uma compreensão mais universal do Espiritismo, recomendo o trabalho de Arthur Conan Doyle, *A história do espiritismo*.

Seguindo a mesma lógica em nossa cartografia do sagrado, ao lado do primeiro grupo colocado à direita, podem ser dispostas algumas tradições religiosas de mais chegada entre nós e cuja origem – também muito mais recentes do que o budismo, por exemplo – provém também de países e culturas orientais e, de maneira especial, da Índia, da China, do Japão e da Coreia. Ao contrário de tradições religiosas como a judaica, a muçulmana e as cristãs ortodoxas, essas neorreligiões de ingresso recente no Brasil estão francamente disseminadas por todo o país e não se restringem aos cultos e preces de seus grupos domésticos e troncos familiares de origem e descendência. Aqui ficam *Hare-krishna*, os adeptos da *Seicho-no-iê*, da *Perfect Liberty* ou da igreja messiânica, entre outras.

Chegamos agora ao espaço mais central de nosso desenho. Ele envolve o conjunto de religiões, de tradições, de confissões religiosas e espirituais mais visíveis, mais conhecidas e mais demograficamente presentes no Brasil. Deixemos entre o centro e a esquerda um amplo lugar para dispormos uma tradição religiosa, o catolicismo, uma das várias confissões de uma religião, o cristianismo. Já nos deparamos com sinais de que o cristianismo católico, sendo uno, no que lhe é essencial, guarda uma multiplicidade institucional, cultural, ideológica e espiritual bastante grande. Entre seus praticantes e estudiosos persiste a visão de que ele é historicamente construído, organizado e vivido *como* e *através* de uma igreja, aquela que se autodefine como a Igreja Católica, Apostólica e Romana. Adiante iremos re-encontrar algumas diferentes interiores relevantes. Por agora saibamos reconhecer que sem se situar fora da igreja católica, à sua margem ou em posição a ela, existe um modo de ser e de viver a experiência dessa tradição religiosa que de modo geral é reconhecida como sendo a do *catolicismo popular*. Ele também é polissêmico, múltiplo e mutável. Esta oposição, inexistente hoje na prática em vários países e irrelevante em muitos outros, na verdade é necessária no caso de toda a América Latina e, especialmente, do Brasil. Quando um pouco adiante estivermos descrevendo a espiritualidade do povo brasileiro, será das crenças e formas de prática da vida espiritual deste catolicismo de camponeses, de negros e indígenas convertidos, ainda tão rico e variado de rezas, segredos e magia, ritos e festas, que estaremos falando.

Podemos agora encerrar esse pequeno mapa imaginário dispondo entre seu centro e sua direita algumas ramas de outras tradições religiosas do cristianismo, de modo geral englobadas sob o nome de protestantismo ou sob um outro, quase sempre preferido sobretudo entre as suas unidades de crença e culto mais populares: confissões evangélicas. No alto da coluna de nosso quadro-mapa a elas reservado, coloquemos denominações ou tradições do protestantismo de imigração. Elas permanecem mais vivas e ativas entre comunidades e troncos familiares de origem europeia. Os luteranos e os anglicanos são seus representantes mais visíveis.

Reservemos um amplo espaço do meio para as variantes do protestantismo histórico e/ou protestantismo de missão, cujas confissões são exemplo de que será preciso destacar os presbiterianos, os metodistas e os congregacionais. Ao lado desta rama evangélica, um pouco mais à direita, podemos colocar outras confissões religiosas que, reconhecendo-se como cristãs, não se identificam como protestantes ou evangélicas. Ali estarão, lado a lado – muito embora as relações entre eles sejam mínimas, ou mesmo inexistentes –, os batistas, os adventistas do 7º dia, os mórmons e as testemunhas de Jeová. Existem outras confissões semelhantes, menos presentes e visíveis no Brasil. Fiquemos com estas.

Um espaço amplo e ampliável deverá ser reservado para que em nosso mapa estejam representadas as múltiplas variações do protestantismo ou do evangelismo pentecostal. Podemos colocar no topo as duas igrejas mais antigas e conhecidas entre nós: a *Assembleia de Deus* e a *Congregação Cristã no Brasil*. As suas variantes são de tal número que seria necessário criamos um amplo mapa apenas para elas. Logo a seguir deixemos ficar as outras múltiplas confissões pentecostais intensamente proselitistas e que oscilam entre a comunidade de fiéis, ao estilo das duas acima, e as unidades religiosas de clientela, associadas à "cura divina", às "igrejas da bênção" e, no limite, a uma franca espiritualidade da prosperidade.

Podemos dar por encerrado nosso esboço de quadro-mapa. Teria sido mais acertado desenhá-lo à mão e a lápis, com uma régua e uma borracha ao lado, tais as possibilidades de redesenhá-lo de outras maneiras e de forma bastante mais completa. E isso dá evidência de que, bem mais do que em outros campos e domínios da vida cultural, quase nenhum é mais dinâmico e mutável do que o da própria religião. Mas temos diante dos olhos um quadro que bem nos pode ajudar a seguir em frente. Devemos vê-lo e lê-lo com os olhos de um bom geógrafo do real e do imaginário, para compreender diferenças e semelhanças entre posições, oposições. E também a teia complexa e mutável de interações entre tantos sistemas irmanados, aparentados, vizinhos, aliados ou antagônicos de espiritualidade religiosa. Devemos estar atentos para saber entrever e supor também que existem muitos outros *sistemas de sentido* na vida cotidiana e nas tramas e teias da cultura brasileira que, se fossem colocados aqui, poderiam converter nosso mapa de começo de viagem em um quebra-cabeças difícil de decifrar.

Um ótimo exemplo disto seriam todas as visões de vida e espiritualidades que não se identificam como "religiosas", no sentido culturalmente tradicional dado a esta palavra, ou na maneira como um cristão praticante se identifica como uma pessoa "confessional, religiosa e espiritual". Onde colocar toda a teia de pessoas e de grupos de pessoas que pensam, vivem e praticam experiências de espiritualidade centradas entre um forte acento de culto de si mesmo – leitores assíduos de livros de autoajuda – e de culto às forças e sentidos da natureza? Formas, algumas delas belas e complexas, de viver uma neoespiritualidade e que alguns estudiosos rotulam, não raro impropriamente, de práticas de *Nova Era*.

É preciso olhar o mapa e interpretá-lo também com bons olhos de historiador. Realizar o esforço de compreender que em uma sociedade jovem, polissêmica e dinâmica como a(s) brasileira(a), tudo o que há e acontece está em movimento e a todo o momento alguma coisa se transforma. E, transformando-se "alguma coisa", o todo de que ela faz parte e que ela constrói e constitui transforma-se também. Religiões consagradas e neotradições, sistemas de fé, crença e culto nascidos "ontem" na floresta Amazônica e que se encontram em uma mesma rua com outras vindas de algum ponto distante da Ásia e que reclamam milênios de existência. Sistemas religiosos e espirituais que surgem um dia da história, crescem num outro e desaparecem quase num terceiro. Um campo arcaico e sempre novo da vida cultural em que algumas expressões populares de vida espiritual mesclam-se com outras, fazendo com que novas espiritualidades surjam e outras lenta ou apressadamente se transformem. Em algum lugar do Brasil uma tradição religiosa como o candomblé, tradicionalmente afastado de uma presença ativa em processos político-sociais extrarreligiosos, tende a aproximar-se de grupos de militância dos "movimentos negros", e toda uma espiritualidade baseada no culto dos orixás ganha novos nomes, ritos e sentidos ao fazer-se, pelo menos em parte, uma religião dos negros do Brasil, mesmo que uma maioria deles não pertença a ela.

Desenhado sem muitos detalhes, o nosso guia-mapa de algumas dentre as muitas alternativas de espiritualidades no Brasil poderia tomar uma aproximada figura do quadro anterior. Nele estão distribuídas as diferenças, proximidades e semelhanças entre aquilo a que ora chamamos espiritualidades, ora religiões, ora tradições religiosas. Estão em destaque, colocadas em negrito, as espiritualidades do catolicismo popular e da igreja popular que mais adiante encontraremos de novo associadas à teologia da libertação e às comunidades eclesiais de base, as do pentecostalismo evangélico e as dos cultos mais populares das religiões de real ou imaginada origem africana. São elas, suas preces, suas bênçãos e seus rituais, as que nos acompanharão daqui em diante.

Tradições religiosas indígenas do Brasil e religiões derivadas	*religiões indígenas* originais dos troncos e famílias; Tupi, Jê, Aruak, Pano e outras Sistemas religiosos reais ou supostamente derivados de sistemas religiosos indígenas e disseminados entre segmentos da população branca e mestiça: *santo daime* *união do vegetal* *céu do mapiá*
Tradições religiosas de origem afro--brasileiras e outras de tipo mediúnico	*espritismo kardecista* Religiões recentes com fundamentos espíritas; *legião da boa vontade* *vale do amanhecer* *fraternidade eclética espiritualista universal* *umbanda* *candomblé* *casa de minas* *batuque* *xangô*
O cristianismo de tradição católica	O *catolicismo oficial* da Igreja Católica *espiritualidades de tipo pré-conciliar, mais conservadoras: *tradição, família e propriedade* *espiritualidades pós-conciliares de tipo renovador: *cursilho de cristandade, renovação carismática* *espiritualidades renovadoras, pós-conciliares, de "compromisso com o povo": *igreja popular* *comunidades eclesiais de base* outros grupos e movimentos inspirados em uma teologia da libertação *diferentes modalidades dos sistemas comunitários do *catolicismo popular*

---

* neste caso e em todos os outros a citação é de apenas um exemplo e não esgota todas as confissões religiosas e suas espiritualidades

Tradições e confissões evangélicas e outras denominações cristãs não--protestantes	Religiões e espiritualidades do protestantismo de imigração: luteranos episcopais confissões e espiritualidades do protestantismo histórico e de missão: *presbiterianos* *metodistas* Espiritualidades cristãs não-protestantes: *batistas* *adventistas* *mórmons* Protestantismo pentecostal: *assembleia de deus* *congregação cristã no Brasil* Neotradições de cura divina e espiritualidades derivadas de uma Teologia da Prosperidade *igreja universal do reino de Deus* (e muitas outras hoje)
Novas tradições orientais e de introdução recente no Brasil	*hare-krishna* *fé baha'i* *perfect liberty* *igreja messiânica* *seicho-no-iê* *ananda marga*
Tradições religiosas de grupos étnicos e/ou nacionais minoritárias no Brasil	*judaismo* *tradições do islã* *budismo* *confucionismo* tradições cristãs minoritárias católicas e ortodoxas

Temos um mapa. Temos um guia. Sigamos em frente. Outros caminhos e capítulos nos esperam.

2

O corpo, a vida e a morte

Prossigamos com a prece. Procuremos ver daqui em diante – e em boa medida retomando passos já andados no começo do capítulo anterior – como em diferentes sistemas (ora mais tradicionais, ora mais atuais e renovadores, ora mais "primitivos", ora mais "eruditos", ora mais visíveis e conhecidos, ora mais reservados e quase invisíveis entre nós) as pessoas e as culturas religiosas de que participam como sacerdotes ou leigos pensam o que creem e oram diante do que acreditam. Comecemos com o exemplo da tradição do *catolicismo popular*.

No imaginário mais tradicional daquilo que tem sido chamado de *catolicismo popular, catolicismo rústico, catolicismo sertanejo, catolicismo camponês*, o foco da crença está centrado na ideia de que o ser humano, criado "a imagem e semelhança de Deus", é, no entanto, por herança de Adão e por sua própria natureza, um "ser de pecado": um "pecador" por origem coletiva e "inclinação" pessoal.

A vida terrena é uma dura viagem dada ao sofrimento num "vale de lágrimas" até o momento da morte e do "julgamento". O corpo de uma pessoa é um bem de Deus e deveria ser uma posse dele emprestada ao homem enquanto vivo "nesta terra". Deus é bom e é pai. Ajuda, protege e preserva pessoas, famílias, comunidades e a humanidade inteira. Esta imensa bondade inesgotável e amorosa encontra seu ponto extremo nas pessoas de Jesus Cristo – "que morreu por nós pregado na cruz" – e na "Virgem Maria, mãe de Deus e mãe dos pecadores". Mas Deus Pai é justo e juiz.

Um contraste entre três orações centrais no catolicismo poderia ajudar-nos a compreender algo do que descrevemos aqui. No "Pai Nosso" nada é enunciado sobre uma condição de miséria e pecado entre os humanos. Tudo o que se pede a Deus Pai é que, depois do "pão nosso de cada dia", ele nos livre "das tentações". Já na "Ave-Maria", após a lembrança de que a "Virgem Santa" é "Mãe de Deus", suplica-se: "Rogai por nós, os pecadores, agora e na hora de nossa morte. Amém". Finalmente, na hoje quase esquecida "Salve, Rainha", logo o começo da oração penitente é um brado de reconhecimento de nossa degradada condição: "Salve, Rainha, mãe de misericórdia! A vós bradamos os degredados filhos de Eva. A vós suspiramos gemendo e chorando neste vale de lágrimas".

Menos do que os evangélicos pentecostais, lembram os católicos que o corpo é "o templo do Espírito" e, como tal e por causa da honra entre os homens e do destino celestial da alma, ele deve ser protegido do mal, do pecado.

Mas em vão. Herança de Adão e Eva e dada a sua própria natureza, todos os homens e mulheres são em princípio pecadores e por isto mesmo o corpo, morada da alma, é matéria da crença e também a fonte do mal, do sofrimento, do pecado e da dor. Antes de a alma humana livrar-se dele para seguir após a morte o seu destino eterno, ela sofre no corpo a dimensão espiritual de seu mal: o medo, o terror, a desesperança, o desespero e a tentação. O grande "tentador" é o demônio, figura tão genialmente retratada e questionada entre os dilemas do personagem principal, Riobaldo, do romance de João Guimarães Rosa, *Grande sertão, veredas*. Os evangélicos pentecostais tomarão a presença cotidiana do poder demoníaco das "forças do mal" entre os homens e na vida de cada um, em um grau máximo, a ponto de ele aparecer muitas vezes como a figura central da difícil vida de todos os dias, já que, bem mais do que no *catolicismo popular*, ele assume todas as formas e é a fonte absoluta de todo o mal.

No entanto, apesar de a vida humana ser provação, tentação e sofrimento, viver é um bem, a vida terrena é um dom, estar vivo é uma grande felicidade e, mesmo sempre ameaçada pelo sofrimento, o pecado e a provação, a pessoa humana em princípio está também a realizar-se aqui mesmo na Terra. Ela é por Deus destinada à felicidade e à virtude, esta última sempre mais exigida às mulheres e aos velhos do que aos homens e aos jovens e adultos. É muito difícil ser plenamente virtuoso, porquanto segundo a lógica do catolicismo popular, boa parte das alegrias da vida vem de desfrutar o prazer. Vem dos "prazeres desta vida", e com frequência eles estão na fronteira entre o bem e o mal, a virtude e o pecado. Além disso, males como a inveja, a violência, o desprezo pelo outro, o preconceito, a ambição e o desejo de "ficar rico e ser mais do que o outro" fazem parte da "natureza do homem".

Mais próximo de tradições religiosas entre a umbanda e o candomblé do que do espiritismo kardecista, do protestantismo de missão e do pentecostalismo, o cristianismo popular preserva a tradição católica ancestral de associar a provação ao prazer, o ritual devoto à festividade profana, a "diversão e a devoção", como repetem com fiel insistência mestres foliões, folgazões e dançadores do congo e do moçambique nas festas de santos de negros.

Pois como realizar e viver em sua inteireza uma tradicional festa católica dedicada a uma das figuras de Deus, a uma das pessoas de "Nossa Senhora, nossa mãe", a um dos inúmeros santos padroeiros, sem associar a oração, a procissão e a missa ao leilão onde se joga e aposta, à "comilança" na qual se dá no corpo o prazer do excesso, à dança devota que a seguir dá lugar à dança profana de uma alegre "catira" ou mesmo de um "baile de roça", onde depois de haverem participado do que é propriamente religioso e devocional na "festa", ali mesmo dançam homens e mulheres alegres e, não raro, sensualmente? Como estar entre homens e mulheres, na festa ou fora dela, sem que isso deixe de, humana e transgressivamente, sugerir o desejo da carne, um dos pecados? O desejo da posse "carnal" do corpo do outro, da outra. "Em pensamentos, palavras e obras", algo que, desde os tempos do Brasil Colônia até hoje, a Igreja tradicional condena como um pecado grave? E como viver o desejo do prazer dado ao corpo através de um outro sem que a ele se associe justamente a vontade da posse proibida, do engano e das pequenas e grandes traições previstas no "nono mandamento"?

Várias antigas orações populares brasileiras de origem ibérica lembram partes do corpo de Jesus Cristo ou da "Virgem Maria". E falam também dos perigos e pesares do corpo das pessoas.

> Chagas abertas, coração ferido.
> Sangue de Jesus Cristo derramado
> entre eu e o perigo.

Eis uma pequena oração camponesa comum, que deve ser repetida três vezes e serve para livrar a pessoa dos perigos do "gado bravo".

Como todo o corpo é frágil e sempre ameaçado pelo perigo, o *catolicismo popular* criou e difundiu no Brasil uma criativa variedade de orações em que a Deus, ou a algum santo, se pede a cura do mal de uma parte do corpo. A hemorragia do sangue pode ser estancada quando a própria vítima ou uma rezadeira digam:

> Meu Deus, que tanto sangue é esse?
> Sangue tá na veia como Jesus tá na ceia (3 vezes)

Meu Deus, cadê o sangue?
Sangue deu na veia como Jesus tá na ceia (3 vezes)
(E se oferece para Nossa Senhora do Desterro).

Por uma mulher ou uma criança que se engasguem, deve-se rezar:

São Brás, bispo, pede o mestre:
Ou sobe ou desce.
Olha a palavra que Deus disse:
Homem bom, mulher má;
Esteira rota, coberta de palha.
A maré pra onde enche, praí mesmo ela vaza
São Brás, Pai, Filho, Espírito Santo. Amém.
(Rezar 3 vezes e benzer com um raminho).

Como todo o corpo pode, a todo o momento, ser vítima de males conhecidos ou misteriosos, existem orações que enumeram as suas partes, e a cada santo padroeiro entregam a súplica da cura. Por uma criança doente:

Deus te fez, Deus te gerou.
Deus te desacanha deste mal que te acanhou.
Eu te benzo de todo o mal que tiver no teu corpo.
Mau-olhado, quebranto e vento virado.
Se estiver na cabeça o Divino Espírito Santo tira.
Se estiver nos olhos, Santa Luzia tira.
Se estiver na boca, anjo da guarda tira.

Se estiver na garganta, São Brás tira.
Se estiver nos peitos, Santo Aleixo tira.
Se estiver nos braços, São Anastácio tira.
Se estiver na barriga, Santa Margarida tira.
Se estiver nas pernas, Senhor dos Passos tira.
Se estiver nos pés, Senhor Bom Jesus tira.
Tira do osso, põe na carne.
Tira da carne, põe na pele.
E manda para as ondas do mar sagrado,
Onde não vê o galo cantar
E nem o filho do homem chorar
E nem o jumento urrar,
Com as graças de Deus e a Virgem Maria, Amém.
Assim como São Clemente não mente,
Serviço no Domingo e Dia Santo não vai adiante,
Este mal não vai à frente.[1]

Pois, num ser criado por Deus em "corpo e alma", em "espírito e matéria", o corpo é desigualmente aberto ao bem e ao mal, ao perigo e ao pecado. Tal como tudo o que existe e acontece no mundo e mesmo nas regiões supra-humanas, há partes e lugares mais e menos nobres, mais e menos dignos do homem e de Deus, mais e menos próximos da virtude ou

---

[1] Fora aqueles que são do conhecimento pessoal do autor, esta e outras orações populares do catolicismo brasileiro foram extraídas do livro organizado pelo Frei Francisco Van der Poel: *Com Deus me deito, com Deus me levanto: orações de religiosidade popular católica*.

do pecado. O corpo é um mapa, ele mesmo, e na geografia que simbolicamente sugere há regiões da carne e do espírito, mais dadas à vida ou à morte, mais naturais, *sub* ou *sobre*naturais. Uma poetisa mineira e católica, Adélia Prado, sintetizou muito bem isso ao dizer em um poema que não acreditava haver Deus destinado homens e mulheres a serem santos da cintura para cima e pecadores dela para baixo.

O modelo das diferenças do catolicismo popular é revelado pelo modelo do próprio corpo sagrado dos seres da Santíssima Trindade. Esta divindade única, popularmente decomposta em três pessoas distintas que amorosamente interagem, desdobra-se em três sujeitos celestiais cuja figura corpórea é percebida entre muitas diferenças, quando uma é comparada com a outra. Assim, o *Pai* é, dos três, o mais identificado com "o Deus todo poderoso". Ele, de modo geral, é representado em imagens populares como uma figura humana cujo corpo, no entanto, não é muito retratado. Muito menos do que "o Filho", raras as suas imagens. Nessas imagens, ele é um velho de longas barbas e cabelos brancos, suave e algo estático, ladeado pelo *Filho* e pelo *Espírito Santo*.

Essa imagem popular das "Três Pessoas da Santíssima Trindade" é cultuada em muitos lares, sobretudo em meio rural. Seu maior foco de distribuição é a cidade de Trindade, em Goiás, uma das únicas do Brasil onde no primeiro domingo de julho festeja-se solenemente "O Divino Pai Eterno". Conta-se que um romeiro fervoroso teria declarado: "Aqui em Trindade, depois de Deus, o santo mais poderoso é o Divino Pai Eterno".

Um homem católico poderá dizer: "aos pés de Deus" ou "à direita do Pai", repetindo fórmulas eclesiásticas usuais. Esta é uma frase difícil de ser aplicada à "Terceira Pessoa da Santíssima Trindade", o "Divino Espírito Santo". Ainda que sobre o corpo do "Pai" não se fale, e ele não seja simbolicamente desdobrado, ele é sem dúvida uma figura de velho homem eterno e, mais como respeito, temor e veneração do que como amor humano, sugere relações entre tipos de pessoas: uma divina, as outras, humanas.

O Espírito Santo é representado quase sempre através de uma dupla e oposta imagem: Ele é a sugestão de uma língua de fogo derramada sobre os apóstolos no Pentecostes e a mansa figura de uma "pombinha branca", quase sempre representada imóvel, com as duas asas abertas. O Brasil é um dos únicos países do mundo onde antigas festas coloniais ao "Divino Espírito Santo" são celebradas até hoje em cidades mais antigas e, não raro, de algum modo associadas ao ciclo do outro. No interior do país é costume dar-se o nome "Divino" a um filho homem, e muitas pessoas usam, penduradas no pescoço, a pequena imagem da "Pombinha do Divino".[2]

---

[2] As festas tradicionais do Divino Espírito Santo são até hoje realizadas em antigas cidades como Vila Boa de Goiás e Pirenópolis, em Goiás; São Luís do Paraitinga, em São Paulo; Diamantina, Ouro Preto e algumas outras cidades de Minas Gerais e em Parati, Rio de Janeiro. Ver: *Uma Festa Religiosa Brasileira: festa do Divino em Goiás e Pirenópolis*, de Niomar de Souza Pereira e Mára Público de Souza Veiga Jardim, e também *O Divino, o Santo e a Senhora*, de Carlos Rodrigues Brandão.

Ao contrário de "Deus Pai" e, sobretudo, do "Divino Espírito Santo", sabemos que o corpo do "Filho" é exageradamente retratado, representado e, sobretudo no caso dos "tormentos da cruz", bastante detalhado, inclusive em orações pias. Na realidade, apenas o "Filho" é de fato uma pessoa, no sentido humano da palavra. Apenas ele nasce, vive a sina de uma criança pobre e terrena. É um jovem que ajuda seu pai terreno, São José, um carpinteiro. Apenas ele sente fome, sede, sono e frio. Apenas ele cresce, torna-se um homem adulto e sai em pregação. Apenas ele, sendo deus-e-homem, é preso, julgado, condenado, supliciado e morto na cruz "ao lado de dois ladrões", como qualquer humano de seu tempo. E apenas quando ressuscita e "sobe aos céus em corpo e espírito" torna-se um corpo supra-humano.

Jesus Cristo é um corpo vivo de homem e de Deus. E, veremos no próximo capítulo, um "filho" também de uma família judia e terrena. Sim, ele é plenamente uma pessoa e é "amado" – fala-se muito: "amado Jesus" – por isso e por ser também, como vimos, uma biografia terrena. Cristo é venerado como uma criança, e as festas populares do Ciclo do Natal acentuam muito esta devoção popular ao "Menino Jesus", criança inocente e indefesa, mas já todo-poderosa e "milagreira". Pois nele o próprio Deus um dia foi criança:

Pai nosso pequenino
Quando Deus era menino,
Sete anjo me acompanha,
Sete luz me alumeia.

Nossa Senhora é minha madrinha,
Nosso Senhor é meu padrinho,
Que fez de mim cristão.
Que o demônio num me atenta,
Nem de dia, nem de noite e
Na hora da minha morte, Amém.
Jesus, Maria, José, salvai.[3]

Como um corpo vivo de pessoa nascida "entre os homens" e que, como eles, cresce e vive, alimenta-se, padece "as tentações do demônio" e sofre a dor, Jesus Cristo costuma ser desdobrado no catolicismo popular em várias figuras de sujeitos santificados. Ele é um "Deus Filho", mas é também o "Menino Jesus de Praga" (devoção popular vinda da Europa), o "Bom Jesus de Pirapora", o "Senhor Bom Jesus", o "São Bom Jesus", o "Jesus Cristo Morto". E é como um corpo penitente, ultrajado, dado ao sofrimento e à morte na "Paixão" que a figura humana de Cristo será bastante venerada no catolicismo brasileiro. Mas nunca entre as igrejas evangélicas. Existem mesmo orações muito populares dedicadas às partes dolorosas do corpo de Jesus. E são

---

[3] *Com Deus me deito, com Deus me levanto*, p. 71. Esta é uma das inúmeras orações para "fechar o corpo" no Brasil. Isto é, uma oração destinada a convocar os seres do panteão sagrado a protegerem especialmente a vida da pessoa de ataques violentos dos inimigos. Tais orações eram rezadas no passado com muita frequência por cangaceiros, jagunços e outros bandidos rurais.

ainda muitas as casas de católicos tradicionais da cidade e, sobretudo, do campo, com quadros de imagens do "Sagrado Coração de Jesus" e do "Sagrado Coração de Maria".

> Senhor Deus, pequei, Senhor, misericórdia!
> Senhor Deus, pelo Sagrado Coração de Jesus,
> José e Maria, perdão, misericórdia!
> Senhor Deus, pelo sangue precioso de Jesus Cristo,
> Vosso santíssimo filho, perdão, misericórdia!
> Senhor Deus, pelo Sangue Precioso de Jesus Cristo,
> Vosso santíssimo filho, perdão, misericórdia!
> Senhor Deus, pela chaga do ombro de Jesus Cristo,
> Vosso santíssimo filho, perdão, misericórdia!
> Ó Virgem Dolorosíssima, Maria, Mãe de Deus,
> Alcançai de vosso amado Filho
> Perdão, misericórdia!

Ora, as partes sujas e sensuais do corpo de Jesus Cristo serão piedosamente esquecidas, do mesmo modo como a cultura dos camponeses não fala delas abertamente, quando descreve o corpo dos humanos. Não há oração que lembre os órgãos de excreção e de sexo, partes do corpo sempre muito presentes em mitos de vários povos indígenas no Brasil. Por outro lado, tudo o que é nobre e puro em seu corpo será lembrado como lugar sacrossanto e objeto de veneração. Devemos reiterar que bem ao contrário das tradições protestantes e, especialmente, das igrejas pentecostais, assim como das comunidades mais ligadas à teologia da libertação e seus desdobramentos, que veneram na pessoa de Cristo um homem-deus todo poderoso de quem se esquece a corporeidade, os católicos o desdobram como objeto de veneração. Os "santos pés" que são orados e beijados nas inúmeras variações de imagens, principalmente durante os ritos da Semana Santa. As mãos piedosas, fazedoras de milagres, como nos Evangelhos, mas também os olhos de piedade e a "santa boca", os braços, que no "Bom Pastor" carregam a "ovelha perdida". Dados ao martírio, são venerados a "cabeça coberta de espinhos", a "chaga do lado" e a "chaga do ombro", todo o "rosto divino" gravado na imagem do pano dado à Verônica.

De modo equivalente, na espiritualidade católica popular o corpo das pessoas é mais santificado e próximo à figura da alma nos olhos e na cabeça do que no nariz ou na boca (de onde sai a "perdição do homem"); mais no peito e no coração – para muitos a própria sede da alma – está o lugar onde residem o "bem e o mal" e por onde o homem será julgado do que no estômago ou nos outros órgãos de excreção. Estes órgãos, quando associados à sexualidade, serão mais lembrados na mulher do que no homem e sempre metaforicamente vinculados à vida e ao nascimento: o útero e os seios, presentes até mesmo em várias orações à "Virgem Maria". Há santos protetores de cada parte reconhecida do corpo, como vimos em uma oração páginas atrás. Há também orações destinadas à cura dos malefícios e enfermidades do imaginário popular, como o *quebranto*, a *erisipela*, a *espinhela caída* e a *carne quebrada*. Pois até mesmo à figura de Deus, de Maria e de alguns santos são dirigidas orações para a cura de males específicos do corpo, como a cabeça e o estômago.

Oração de Dor de Cabeça

Deus é sol, Deus é lua,
Deus é claridade.
Assim como estas três palavras são verdade,
Tirará sol, sereno, dor de cabeça de "chaqueta" (enxaqueca).
Vai para as ondas do Mar Sagrado
Aonde não tem gente,
Nem cavalo rincha
Nem boi berra,
Nem canta galinha e nem galo
Com os poderes de Deus e da Virgem Maria
(Rezar segurando, apertando a cabeça dos dois lados e depois da frente e detrás, puxando os cabelos no meio da cabeça)

Oração de Cólica

Santo Antônio disse missa,
Nosso Senhor Jesus Cristo benzeu o altar.
Vós benza esta dor para ela aliviar.
Santa Iria tinha três filhas

Uma fiava e outra tecia,
A outra rezava de dor de barriga,
Dor de cólica e "penamonia" (pneumonia)
Com que se reza? Com água da fonte e os raminhos do monte.

(Rezar um Pai Nosso com três Ave-Marias para Nossa Senhora da Guia. Rezar três vezes com a mão em cima do lugar da dor.)[4]

Eis uma espiritualidade popular que, como tantas outras, cristãs ou não, oscila entre o temor da certeza da morte e o desejo da vida; entre a preocupação diária com a dor e o sofrimento e a reiteração vibrante da euforia e até mesmo do excesso, tão manifesto nas festas populares do *catolicismo camponês*. A própria morte, com que a espiritualidade católica brasileira estará desde sempre tão ocupada, é tanto o momento do terror quanto o da esperança. Pois se com ela o bem do corpo se extingue para sempre, também através dela a alma "se livra do mal" e desconhece, quando salva e "nos céus", a dor e o sofrimento. Corpo

---

[4] *Com Deus me deito, com Deus me levanto*, p. 133 e 134. O repertório de orações defensivas do mal dos inimigos humanos e dos poderes da natureza é incontável no Brasil. Há inúmeras variações de rezas "mansas" e "bravas" "para livrar de mordida de cachorro", "contra armas de fogo", "contra gado bravo", "para os marimbondos não picar", "ao encontrar vaca brava", para curar "quebranto", "para curar quem sofre do coração", "contra a peste", "contra ferida no pé" e para outros vários males do corpo e da vida social.

sem a matéria da carne, mas com a figura perfeita da pessoa, a alma não se dissolve juntamente com a pessoa cujo corpo habitou. Ao contrário, não só a pessoa individual preserva-se nela em plenitude, como também re-encontra, "na glória", os entes queridos em vida terrena. Pois, mais do que o lugar dos mortos "salvos em Deus" por Jesus Cristo – como entre os "irmãos" evangélicos –, o lugar do morto levado em alma aos céus é a casa celestial onde se re-encontram "para todo o sempre" as pessoas queridas da família, da parentela e da amizade terrenas.

Falamos da morte. Passemos do corpo a ela e, com ela, voltemos a estender nosso olhar a diferentes espiritualidades presentes no Brasil.

A morte

Dentre todas as confissões mediúnicas e suas espiritualidades fundadas na possessão de deuses e espíritos sobre os vivos, a própria ideia de um corpo individual é ilusória. Mais do que entre os católicos, entre elas a realidade perene da vida é o espírito, e não a alma. Pois ele não se confunde com a "alma" do catolicismo popular. Não migra com a morte do corpo de um vivo a um lugar único de destino final: o Céu ou o Inferno – após uma possível passagem provisória no Purgatório. O espírito de qualquer pessoa, quem quer que seja, viaja longa, às vezes lenta, mas irreversível e incessantemente a caminho de sua purificação. Não havendo um "juízo final", tal como creem os católicos, os protestantes e os pentecostais, cada ser vivo transforma-se como espírito, na medida em que ao longo de muitas vidas em que se "re-encarna" ele cumpre, entre uma vida e a outra, o seu destino, o seu "karma". Ele transita de uma condição de espírito menos desenvolvido ou iluminado para um mesmo espírito, mas cada vez mais purificado, isto é, separado de seu mal, de sua "matéria" e do que ela contém de perversão e impureza. Ele passa de um "espírito das trevas" – quando já não é originalmente o espírito de um "ser puro", como se crê que seja o caso do próprio Jesus Cristo – a um "espírito de luz". E ele realiza esta verdadeira única grande viagem até desligar-se de vez da matéria e de seu ciclo de re-encarnações para ir habitar um reino de infinita espiritualidade, em alguns dos muitos mundos reservados a tais espíritos plenos de luz. Pois até mesmo os vários planetas do Sistema Solar são, não raro, concebidos no espiritismo kardecista e na umbanda como morada de seres e espíritos "mais desenvolvidos" de que aqueles que habitam a Terra, um planeta ainda "atrasado" na evolução cósmica.

Nascer é encarnar-se e se encarnar. Isto é, viver um tempo e realizar-se em um corpo provisório de um espírito eterno e viver nele a totalidade da vida desse corpo, mas uma pequena fração da vida e da trajetória do espírito que o habita. Do mesmo modo a morte é ilusória. De fato ela não existe, e morrer é "desencarnar", palavra que a doutrina e a espiritualidade mediúnicas usam para substituir a ideia de "morte". É deixar um corpo em busca de outro, aqui mesmo na Terra ou em outra dimensão do "espaço". Não havendo uma morte real, não há uma ressurreição dos mortos. E a putrefação da carne nada mais é do que o atestado de que o corpo é apenas o suporte de espíritos eternos, ainda que imperfeitos e destinados à perfeição.

Mas como espíritos, e usando a posse dos corpos, ilusórios mortos se comunicam com vivos reais, terrenos. E esta é a base de espiritualidades como as da umbanda, do espiritismo kardecista e de outras tradições confessionais de vocação mediúnica. Além de possuírem cada uma seu espírito individual, as pessoas podem ser possuídas por outros espíritos: por um momento apenas ou por muito tempo. Espíritos de luz podem "tomar" o corpo de um médium, assim como os seres das falanges espirituais da *umbanda* ou os orixás do candomblé podem possuir durante uma fração de um ritual religioso o corpo e a consciência de um pai ou mãe de santo – babalorixá ou ialorixá, os nomes africanos dos sacerdotes do candomblé. Tais espíritos benévolos "descem à Terra" no corpo de um homem ou de uma mulher para fazerem o bem: curar enfermidades, dar conselhos aos fiéis do culto ou seus clientes, combater espíritos maléficos e instruir a todos na "doutrina da caridade". Mas "espíritos das trevas", perdidos seres vagantes, imperfeitos, podem também possuir o corpo dos vivos e, voluntariamente ou não, vir a lhes fazer o mal.

O princípio mediúnico da "obsessão" tende a envolver nas religiões de possessão quase todo o mal e o sofrimento dos seres humanos. Pois os sofrimentos do corpo e os psíquicos são, quase sempre, o resultado da posse indesejada e da presença de espíritos "ruins" ou "atrasados" no corpo e na vida das pessoas. Uma parte importante do trabalho espiritual dos médiuns e pais-de-santo está em saber lidar com a relação difícil entre tais espíritos desencarnados e os sujeitos vivos. E, através desta sabedoria espiritual e espírita, aprender com o tempo e o "desenvolvimento espiritual" a expulsar espíritos maléficos, orientar espíritos das trevas, saber ouvir e saber aconselhar, enfim, curar e fazer o bem nunca por si mesmos, mas através do "trabalho" de espíritos incorporados. Assim como a morte é apenas o elo da continuidade de uma vida entre vidas, assim também os vivos e os mortos estão e podem estar em frequente comunicação aqui mesmo na Terra.

Uma oração de um terreiro de *umbanda* suplica à Virgem da Conceição (uma "santa católica" invocada em um culto sincrético) que salve o sofredor de seu mal.

> Baixai, baixai, oh Virgem da Conceição!
> Maria Imaculada, pra tirar perturbação.
> Se tiveres praga de alguém
> Desde já seja retirada
> E levai, oh mãe do mar ardente!
> Nas águas do mar, nas profundas sagradas.

Não como espíritos de mortos, de "desencarnados", mas como seres espirituais mediadores, distribuídos entre "falanges" de guerreiros, juremas, caboclos e pretos-velhos, seres espirituais de umbanda "baixam" e tomam os corpos de seus "filhos de fé". E através deles falam aos vivos e os escutam. No culto de uma *gira* de umbanda um *caboclo* "chega" e canta – e *se* canta através da voz dos fiéis:

> A água com a areia
> Não pode demandar.
> A água com a areia
> Não pode demandar.
> A água vai-se embora
> Areia fica no lugar.
> Eh! Zum zum zum
> Chegou o Aymoré
> Caboclo guerreiro
> Vem salvar os filhos de fé[5]

No *candomblé*, entre Oxalá, o pai dos deuses, e os humanos vivos e mortos, não são espíritos de seres desencarnados e nem eventuais mediadores não-divinos aqueles que se comunicam com os vivos e tomam posse momentânea de suas vidas e de seus corpos. São os próprios deuses do panteão: Nagô/Yorubá: Exú, Omulú, Nanã, Oxumaré, Xangô, Yansã, Oxoce, Oxalá, Yemanjá, Oxum. Pronunciadas ainda em "línguas de África" suas preces e seus *pontos* podem soar desta maneira:

---

[5] Abgdar Barros, *Os Cultos Mágico-religiosos no Brasil*.

Bara e mio Oraminha loko
Oraminha ni Baba Xangô
Okarin kaletu tabiri
Kalege eran eshin
Okanin nogogoro
Kalege eran agutan
Tete pade ualonan
O rica silere
Ibissi oraminha lode o
Bara e mio oraminha loko
Oraminha monhan euin onhan eku
Oraminha monhan on ofo
Oraminha monhan euin onhan ejo
Oraminha monhan euin konha arun[6]

Trazidos do *candomblé* cultos mais sincretizados com o *catolicismo* e com o *espiritismo kardecista* mais próximo da *umbanda*, os pontos de cantos e preces aos orixás africanos são entoados em Português:[7]

---

[6] Abgdar Barros, *Os Cultos Mágico-religiosos no Brasil*, p. 83.
[7] É preciso reconhecer que hoje em dia existem inumeráveis formas sincréticas entre cultos "mais puros" e menos ou nada sincretizados; por exemplo, com o cristianismo católico e outros que a si mesmo se reconhecem como uma interação entre várias tradições religiosas, de vocação mediúnica ou não. Assim, é possível falarmos de uma *umbandomblé*, e assim por diante. Esta é uma polêmica em aberto mesmo entre os sacerdotes de tais sistemas de crença e culto e, de resto, entre católicos de diversas tendências e vocações e, mais ainda, entre evangélicos, pentecostais ou não.

Bendito e louvado sejas
Teu nome Oxalá.
Bendito e louvado sejas
Com todo o amor, Oxalá.
Que mandas pro fundo do mar
À Iemanjá, os pedido dos filhos
Que são aflitos da beira do mar.[8]

Quando a Lua aparece
E o leão da mata roncou
A passarada estremece
E a cobra coral a piar.
Piou, piou, piou
A cobra coral piou:
Chegou o rei da Umbanda
Saravá nosso pai Xangô.[9]

Em toda uma ampla e aberta espiritualidade mediúnica, os homens não se dirigem apenas a deuses ou a seus mediadores, que piedosamente o escutariam e realizariam em seus nomes uma qualidade de bem suplicado. Tal como os espíritos dos mortos entre *espíritas* e *umbandistas*, aqui é a própria divindade que não só se dirige ao fiel, mas o "toma" e possui. Incorpora-se

---

[8] Abgdar Barros, *Os Cultos Mágico-religiosos no Brasil*, p. 121. Ponto de Yemanjá já na irradiação de Oxalá (pedidos e súplicas).

[9] Abgdar Barros, *Os Cultos Mágico-religiosos no Brasil*, p. 123.

nele e o invade com uma fração de seu poder e até mesmo de sua identidade. O orixá retira por um momento a pessoa de sua individualidade e consciência e a faz viver um instante de uma divindade descida de seu reino não apenas a um lugar, mas ao corpo e ao espírito de uma pessoa de uma comunidade de culto, em um momento devido de sua realização.

Eis por que, de forma algo diversa dos cultos costumeiros da espiritualidade do catolicismo popular e do protestantismo popular no Brasil, os cultos também populares do candomblé, do xangô, da macumba, da cambinda, da umbanda, do catimbó, da linha de mesa e do babaçuê, do tambor-de-mina, da pajelança, do toré, da cabala e de outros sistemas de fé e espiritualidade de vocação mediúnicos e de possessão parecem ser mais vazios de preces dirigidas devotamente a deuses ou a seres supra-humanos. Mais vazios, ainda, de qualquer interesse por uma "pregação da palavra". Porque todo o culto espiritual em que se pretende estabelecer uma relação entre homens e deuses é vivido como um drama: um teatro religioso de gestos, vestimentas, cantos e, principalmente, de possuídos e não-possuídos. E isso ocorre porque não há uma direção de formação de uma comunidade restrita de crentes fervorosos e constantes, mas uma partilha de crenças e de rituais abertos "a quem venha" e dirigidos por uma pequena confraria de iniciados.

Nesta espiritualidade intimamente popular, uma ética francamente ritual desloca das trocas entre os homens às *obrigações* destes para os deuses o rigor e o fervor dos deveres do fiel. Não há uma exigência de afirmação moderada de fé e de uma conduta social consequente, como entre os católicos, nem de seus equivalentes mais extremos, como entre os pentecostais. Diverso do cristão católico ou do protestante, o deus dos cultos afro-brasileiros deseja do seguidor fiel o cumprimento de obrigações rituais. E, através de seu sentido, o cumprimento de uma ética própria. Elas são realizadas como hábitos de evitação de locais, de roupas e de alimentos. Como a prestação de deveres de oferenda, sobretudo em dias certos, dedicados ao orixá de cada iniciado. Ou como o cumprimento de pequenos ritos e gestos cotidianos, constantes ou sazonais, de purificação.

Mortos e vivos, espíritos inferiores e superiores, seres de mediação, habitantes dos lugares ermos da natureza, do planeta ou de outros mundos, deuses-orixás e os humanos, iniciados ou não nas espiritualidades mediúnicas, eis que todos os seres, encarnados ou não na "matéria" da vida terrena, estão e podem estar em permanente comunicação. Sabemos que o planeta Terra não é mais que uma pequena entre muitas outras regiões onde tais trocas, entre todos os seres se dão. Assim também a vida e a morte se confundem e não são mais do que estágios e estados de que os deuses escapam, mas por onde os homens transitam, até quando seus espíritos sejam um dia, eles próprios, a maior semelhança purificada possível da própria divindade.

Nos cultos dos *eguns* da Ilha de Itaparica, na Bahia, entende-se que quando um ser humano chegou ao termo de sua vida, após haver completado com sucesso todo o seu destino, ele está pronto. Está então madura a pessoa para a morte, e ela é o seu prêmio de uma vida afinal realizada. Então ela passa do *áiyé* para o *òrun*. Em seu nome são celebrados os rituais pelos quais se atesta que o morto, vivo em outro plano da existência em contato com o mundo terreno, tornou-se um "ancestre". Respeitado, venerado por seus irmãos de fé, ele poderá tornar-se inclusive um *Égun*, um espírito de morto vivo entre os vivos. Fora os filhos gerados durante sua vida terrena, durante sua vida no *àiyé* (este mundo), ele participa agora da criação de novos seres e neles poderá re-encarnar-se como elemento coletivo.[10] Por que, pois, chorar sua morte?

tó ' ru egbé	Ele alcançou o tempo (de converter-se) no erú egbè (o carrego que representa egbè)
Ma sokún omo	Não chore, filho
Olóro ma sokún	Oficiante do rito, não chore
tó ' rù egbé	Alcançou o tempo (de converter-se) no carrego (no representante do egbé).
Ma skún omo	Não chore, filho.
Égun ko gbe eyin o!	Que Égún nos proteja a todos!
Ekikan ejare	Proclamai o que é justo.
Àgbà òrisá ko gbe ni másè	Que Àgbá òrisá nos proteja a todos! Proclamai (que) foi enterrado um dos seus.
Ekikan esin enia niyi r l òrun	Que foi para o òrun. Isto quer dizer, falai alto, com justa razão, porque enterraram alguém venerável que irá ao òrun.[11]

---

[10] Todo o livro de Juana Elbein dos Santos, *Os Nagô e a Morte*, merece ser lido como um exemplo de análise da extrema complexidade da cosmologia de cultos de origem africana no Brasil. A citação é da página 222.

[11] Juana Elbein dos Santos, *Os Nagô e a Morte*, p. 233.

E eis que por isso também com cantos e danças de alegria os vivos festejam no terreiro a morte – logo, a vida da vida – de quem partiu:

Iku o!	*Oh! Morte,*
Iku o gbe lo	*Morte o levou consigo.*
O gbe, dide k1o jo	*Ele partiu, levantem-se e dancem*
Wku o!	*Nós o saudamos!*
Òbigbõse o!	*Adeus!*[12]

Em outras tradições cristãs o acontecer da morte é a esperança da vida. Uma dupla esperança realizada primeiro no encontro entre a alma do justo e Deus e seus santos. Realizada, depois, no re-encontro da alma com seu corpo, para que os dois juntos, eterna alma, renascido o corpo, vivam com a divindade a plenitude da felicidade. Resulta estranho compreender como na espiritualidade do *catolicismo popular brasileiro* fundem-se a inocência quase profana de tantos ritos revestidos de cores, festa e euforia e um imaginário da vida pensado sobre o sofrimento, o pecado e a morte. Vimos que é a figura de Jesus Cristo ultrajado, crucificado e morto o que se lembra e cultua, mais do que a lembrança de sua volta gloriosa "de entre os mortos". Assim também, nas várias figuras da "Virgem Maria" a piedade popular acentua mais seu sofrimento de

---

[12] Juana Elbein dos Santos, *Os Nagô e a Morte*, p. 234.

mãe do que seu poder de "Santa Mãe de Deus". E dos próprios santos a memória ressalta muito mais o sofrimento em vida e o poder de milagres derivado de sua santidade do que a dimensão propriamente ética e espiritual de santos e santas. Religiosidade de súplica e temor diante da dor, do perigo e da morte, o *catolicismo popular* acentua nos próprios seres sagrados o drama da morte para fazer a sua espiritualidade girar também à sua volta. Podemos rever agora completa a "Salve Rainha", para relembrarmos como ali um destino universal de sofrimento e de temor diante da morte são reiterados. Mas também a esperança de que por uma misericórdia de um outro, mais do que por meus próprios méritos, eu seja salvo, afinal.

> Salve, Rainha, esperança nossa, salve! A vós bradamos os degredados filhos de Eva. A vós suspiramos gemendo e chorando neste vale de lágrimas. Eia pois, advogada nossa, os vossos olhos misericordiosos a nós volvei. E depois deste desterro, mostrai-nos Jesus, bendito fruto de vosso ventre. E rogai por nós, agora e na hora de nossa morte. Amém!

Eis um temor antigo na religiosidade popular brasileira: morrer de repente, vítima de um perigo inevitável e sem tempo de estar entre os parentes queridos e, entre eles, preparar-se para o "desenlace". Sem tempo de preparar a alma para o destino depois da morte. Isto porque no *catolicismo popular* existe um repertório acreditado de ritos e rezas mediante os quais o justo encontra mais facilmente o céu, e mesmo o pecador acaba sendo, "por intercessão", perdoado de seus erros na vida terrena e chega a Deus revestido ainda de culpa, mas ritualmente armado do direito ao perdão e à "salvação".[13]

A "Oração do Monte Serrat" é uma pequena enciclopédia piedosa de súplicas e estratégias de proteção contra o perigo. Estão vivas dela até hoje inúmeras versões entre católicos camponeses de todo o país:

> Esta oração é de Jerusalém e chama-se Oração de Nossa Senhora do Monte Serrat, ao pé da Barcelona e como a mesma Senhora obrou tão grande milagre.
>
> DIVINA ORAÇÃO: Bendita e louvada Seja a sagrada paixão e morte de Nosso Senhor Jesus Cristo; rogai por nós.
>
> Santa formosura dos anjos, Tesouro dos apóstolos. Depósito da Arca da Aliança, Senhora Santa Maria, mostrai-nos em tão belo dia vossa face gloriosa. Dita oração foi achada no santo sepulcro de Jerusalém nos pés da imagem do divino Jesus e aprovada por todos os se-

---

[13] Orações de uma antiga piedade camponesa, as *orações de devoção* suplicam antecipadamente a Deus o perdão de todos os pecados sempre cometidos: "Ponho os olhos no céu e o pensamento na Glória / Jesus Cristo na custódia. / Quando minha alma foi doente, eu pequei / mortalmente. / Me confessa meu Senhor, Vós sois o meu confessor. / Os pecados que faltou, meu confessor não me disse / Quero me deitar na sepultura da morte / Pra Jesus me chamar. / Três vezes digo: Jesus / Jesus, eu quero me salvar". *Com Deus me deito, com Deus me levanto*, p. 61.

nhores inquisidores, e o divino Jesus disse: Todo homem, mulher ou menino que consigo trouxer esta oração: não morrerá de má morte, nem repentina, não

Será ofendido dos seus inimigos, morrerá sem aflição, não morrerá afogado, não será queimado, não passará aflições no mar,

Nem nos rios. Não será ferido de guerra, nem tentado pelos demônios. Não morrerá sem confissão, que é proveito para a oração. Não será mordido de cães danados, nem de outros animais peçonhentos. Toda mulher que tiver perigo de vida por causa do parto será logo aliviada com a virtude desta oração. Livra também de ter gota coral, mas é necessário ter muita fé, porque não havendo fé não pode haver milagre nem salvação. Reze um Pai-Nosso e três Ave-Marias e ofereça à Sagrada Paixão e Morte de Nosso Senhor Jesus Cristo e à Nossa Senhora do Monte Serrat.[14]

Assim, muito mais entre os católicos populares do que entre os evangélicos pentecostais, uma visão quase aterradora do destino do homem é atenuada mediante um conjunto de crenças tradicionais que respondem pela dualidade entre o jogo de alegria e contrição e os ritos festivos de júbilo *versus* as práticas penitenciais, opostos íntimos do *catolicismo do povo brasileiro*. Pois uma espiritualidade

---

[14] *Com Deus me deito, com Deus me levanto*, p. 106.

popular reduz um deus distante e terrível trazido a nós pela evangelização colonial e o torna próximo, humano e misericordioso. Já vimos que Deus-Pai é, verdadeiramente, um pai-deus, mais do que justo e justiceiro. Jesus Cristo é um homem-deus, ao mesmo tempo filho, pai e irmão. E, numa boa medida, bastante menos presente entre *protestantes históricos* e *pentecostais*, a misericórdia de um deus-homem tão humano e familiar provém mais de uma amorosa teia de laços de relações familiares e de parentesco. Há mesmo um difundido mito piedoso do cristianismo popular em que um pecador suplica a Deus sua imerecida salvação. Deus a nega e deixa a Jesus a tarefa de decidir. Num primeiro momento Jesus nega também, mas não resiste ao gesto com que "Nossa Senhora, mãe de Cristo" salva o pecador dos horrores do inferno. Sem nada dizer, ela olha o filho nos olhos, abre suas vestes e mostra a ele os seios com que o amamentou. De resto, basta revermos com cuidado o *Auto da Compadecida*, de Ariano Suassuna, para re-encontrarmos ali uma das reconstruções mais criativas das crenças sertanejas no poder do amor humanizado diante de um Deus. Ao final do "auto", Maria faz com que Jesus salve justos e pecadores por igual.

Se da lógica do destino humano não há mais o que esperar a não ser pecado, sofrimento e morte, de Deus em suas três pessoas é possível esperar uma misericórdia ativa cujo desejo é, em contrapartida, o perdão repetido dos pecados – porque mesmo justos sempre pecam –, o alívio da dor humana e a salvação, entre tempos e modos diferentes, de todos os homens. Donos por empréstimo divino de um corpo bom, mas destinado ao pecado, à dor e à morte, os homens são também senhores e servos de uma alma única em cada um, não transmigrável (como entre os mediúnicos) e individualizada, durante a vida terrena e depois da morte.

Supõe-se que esta alma humana possua a própria figura de seu sujeito, já que, como o corpo, ela é o lugar de sua individualidade. Não é nela que reside o mal do homem, mas nos desejos do corpo e em um "mau coração". No entanto, quando se reconhece em alguém uma vocação inevitável ao mal, supõe-se que uma "má inclinação" possa estar tão associada ao "destino" da pessoa quanto à "natureza ruim" de seu espírito. Pois se a alma deve ser dirigida à perfeição, o espírito pode ceder ao corpo e aos desejos do mundo e tornar-se "mau", "ruim", "pecador".

Ora, um "homem de bem", como um "verdadeiro cristão", deve ser governado por uma "alma boa", "santa". Ela, por sua vez, governa o corpo e seus desejos mundanos ao invés de deixar-se dominar por seus impulsos. Por outro lado, se é o corpo quem sente a dor ou goza o prazer, é a alma quem sofre ou se "mancha" com o pecado, pois ela é o princípio ativo do sentimento e da razão. Morto o corpo, a individualidade da pessoa não se dissolve: resta em sua alma, desprendida de imediato dele. A meio caminho entre a ortodoxia católica tridentina e um imaginário tradicional que incorpora e faz interagirem outras influências, inclusive as do espiritismo e dos cultos afro-brasileiros, a alma na espiritualidade católica popular pode viver em diferentes dimensões e passar de uma à outra, até chegar ao lugar de seu destino definitivo: a salvação eterna junto a Deus, aos santos e, tão importante quanto, ao re-encontro com outros parentes queridos já falecidos. Ou pode dirigir-se à perdição para sempre, no limbo ou nos infernos. Mas entre estes dois destinos definitivos e o da ressurreição dos corpos o Purgatório não é o único lugar transitório para uma alma humana, como quer (hoje com menos certezas) a Igreja Católica.

Uma diferença que historicamente provocou acirradas divergências entre católicos e protestantes segue ainda hoje vigente em uma comunidade rural pequenina do interior do Brasil. Enquanto os evangélicos pentecostais, os batistas e os presbiterianos, por exemplo, acreditam que apenas a fé e uma vida exemplar durante a vida na Terra salvam uma pessoa da "perdição do pecado" e, com a morte, da "condenação eterna", entre os católicos permanece viva a crença nas "boas obras" feitas em vida, mesmo por um alguém "meio descrente". Por outro lado, entre os evangélicos de nada adiantam as preces e os ritos dos vivos em nome dos mortos, e eles são quase inexistentes. Enquanto isto, os católicos multiplicam preces, missas e ritos populares na certeza de que a memória e as ações "dos que ficaram" em favor "do que se foi" podem mover a vontade divina e realizar a "salvação da alma do morto".

Uma das maneiras mais adequadas para compreendermos a diferença essencial está na prática de cerimônias e rituais em favor de mortos, como o canto de "incelenças" no Nordeste e os vários ritos de prece, canto e dança com que se acredita que o morto cumpriu, através dos vivos, um voto feito a Deus, a um santo e, quites com o eterno, pode enfim "entrar no Céu" e gozar da "glória de Deus". Assim, nas danças de São Gonçalo de várias regiões rurais do Brasil, acredita-se que uma pessoa que morra "devendo para o santo" fica impedida de "entrar no Céu" até quando seus parentes e amigos "cumpram o voto por ela". É costume acreditar-se que o morto "devente" apareça a um filho, a um irmão, em uma visão ou em um sonho e lhe revele a sua "dívida com o santo".

Por ser sempre "imperfeita" e porque em vida seu "dono" tinha dívidas de promessa não cumpridas para com Deus ou para com algum santo, ou ainda porque cumpre um destino às vezes familiar, uma "sina", a alma de um morto pode permanecer imaterialmente e às vezes até mesmo visível aqui na Terra. "Vagante", "alma penada", ela pode habitar lugares ermos, em geral no campo. Pode ser condenada a voltar a um local de penitência, de tempos em tempos. Pode conviver com os vivos para assustá-los como um fantasma aterrador; para invadir corpos e fazer o mal (próxima à crença espírita); para entrar em contato com algum parente e pedir ajuda, como no caso em que um pai morto aparece a um filho e pede que ele cumpra uma promessa feita e não saldada em vida. Entre camponeses é comum a crença de que as almas deixadas na Terra em dívida e que depois retomam o caminho do Céu, cumprido seu voto, podem tornar-se protetoras de parentes vivos. Do mesmo modo os parentes íntimos se reconhecem sempre próximos da memória de seus mortos. Ei-los em quadros nas paredes, em pequenas imagens, junto às de santos, quando, por exemplo, um filho ora à sua "santa mãezinha", como uma criança aprende a fazer para com o "Anjo da Guarda". Por eles, ritos próximos e distantes da data da morte são rigorosamente cumpridos: as devoções piedosas na presença do corpo, durante o velório ou no enterro. É quando longas "incelenças" podem ser cantadas à volta do morto.

> Uma incelença, entrou no Paraíso
> Adeus irmão, até a hora do Juízo.
> Cumpadre Severino
> Ao passares em Jordão
> Se os demônios te atalharem
> Dize-lhes que não
> E mais a Virgem da Conceição.

Por eles mandam-se rezar missas no "7º dia", depois de um mês, de um ano e a cada aniversário do parente morto. Em algumas regiões do Brasil, por um morto em dívida de promessa pode-se até mesmo cumprir longas danças votivas de toda uma noite, como na *Dança* ou *Função de São*

Gonçalo.[15] Já que em parte o destino do morto cristão depende do trabalho religioso de parentes que possam por ele interceder junto a Deus, à Virgem Maria – que é quem mais "salva as almas do Purgatório" – e mesmo aos santos do Céu, é da proteção de seus mortos queridos, "sofrendo ainda" ou já "na salvação junto de Deus", que os vivos dependem, em boa medida. De suas almas individualizadas ou também de almas em geral, às quais se reza com muita frequência na espiritualidade católica popular. De igual maneira, os homens do povo criam e preservam cultos familiares e coletivos a objetos sagrados, como "a Santa Cruz", assim também existe em todo o país um verdadeiro culto das almas.

Novena das Almas

Ó almas santas, benditas e gloriosas, que estais adorando e contemplando o meu Senhor Jesus Cristo, mercê de infinitas graças, vos peço que não falteis com o socorro do céu e o pão da vida. Ó santas almas benditas e glo-

---

[15] Tal como outros, São Gonçalo participa com os homens de sentimentos humanos. É um santo "bom e generoso", mas não perdoa as pessoas que, havendo feito para ele uma promessa em vida, morreram sem havê-la saldado antes. É esta homologia entre a identidade humana e a dos santos, com diferenças de graus em iguais virtudes e defeitos, o que torna possível uma qualidade de relacionamentos fundada em trocas supostas de favores de parte a parte. Isto que a espiritualidade evangélico-pentecostal nega com aversão é levado a um grau de extremo na Umbanda e outros cultos afro-brasileiros. Pois neles, com exceções, a mediadores e deuses regidos por figuras e paixões humanas, é possível levar uma relação de barganha às suas últimas consequências.

riosas, se houver uma sentença dada no céu ou na terra contra mim, peço-vos caridade que seja revogada aos pés de Jesus Cristo. Peça a Deus por mim que rogarei a Deus por vós, pois vós fostes como nós e nós seremos como vós. Livrai-me das tentações e do poder dos maus espíritos, tanto durante o dia como à noite. Ó almas benditas e gloriosas, as que morreram afogadas, enforcadas e degoladas e martirizadas e arrependidas, as que morreram pela fé, as de meus parentes, amigos e inimigos, almas das virgens, viúvas, dos cativos e dos inocentes, e todas as almas mais próximas de Deus todo-poderoso. Senhor, a esmola que vos peço é (aqui cada um faz o seu pedido, a sua "graça"). Uno-me a todas as almas gloriosas, a meu anjo da guarda. Não sossegueis enquanto não fizerdes os milagres dos meus pedidos, se for da vontade Vós, Deus, acompanhai-nos, inspirai-nos, protegei-nos em todos os dias de nossa vida. Permitais que os bons espíritos nos guardem e nos inspirem, abrasando os nossos corações nas chamas do vosso divino amor, para que as nossas almas se purifiquem para gozar convosco a eterna glória. Amém![16]

Agradeço Nossa Senhora da Aparecida – pela graça alcançada. IGO

Agradeço à Santa Clara – AJF

---

[16] *Com Deus me deito, com Deus me levanto*, p. 111 e 112. Nos jornais de circulação nacional e destinados mesmo a pessoas de classes média e alta são frequentes transcrições de orações populares de ampla divulgação. Publicá-las em jornal com a indicação de como devem ser rezadas para que "a graça seja alcançada" (o pedido do fiel seja realizado) faz parte de alguma promessa feita a Deus, a um santo padroeiro ou mesmo às Almas.

Oração dos Aflitos – Aflita se viu a Virgem aos pés da cruz, aflito me vejo. Valei-me Mãe de Jesus, confio em Deus que ilumine meu caminho. (Faça o pedido.) Mande publicar no 3º dia observe o que acontece no 4º dia. CIF.

Oração dos Aflitos – Aflita se viu a Virgem aos pés da cruz, aflito me vejo. Valei-me Mãe de Jesus, confio em Deus que ilumine meu caminho. (Faça o pedido.) Mande publicar no 3º dia observe o que acontece no 4º dia. MAM.

Agradeço às Almas poderosas injustiçadas por graças alcançadas. HM.

Prece Milagrosa – Confio em Deus com todas as minhas forças por isso peço a Deus que ilumine meu caminho. Publique e verá o que acontece no 4º dia. MCL.

Oração das Treze Almas – Oh! Minhas 13 Almas benditas, sabidas e entendidas a vós peço pelo amor de Deus, atendei o meu pedido. Minhas 13 Almas Benditas, sabidas e entendidas, a vós pelo sangue que Jesus derramou, atendei o meu pedido. Pelas gotas de suor que Jesus derramou do seu sagrado corpo, atendei o meu pedido. Meu Senhor Jesus Cristo, que a vossa proteção me cubra e vossos braços me guardem no vosso coração: me proteja com os vossos olhos. Oh Deus de bondade vós sois meu advogado, na vida e na morte, peço-vos que atendei os meus pedidos e me livreis dos males e dai-me sorte na vida. Cegai meus inimigos, que olhos do mal não me vejam, cortai as forças dos meus inimigos. Minhas 13 Almas bendidas, sabidas e entendidas, se me fizerem alcançar estas graças ficarei devota de vós.

3

A Sagrada Família

Podemos fazer aqui algo parecido ao que costuma acontecer em algumas cerimônias religiosas antigas e tradicionais, quando algo já dito e vivido retorna adiante, uma vez ou várias vezes. De maneira semelhante, iremos retomar algumas palavras e ideias do capítulo anterior. Vamos revisitá-las para retrabalhar dimensões e aspectos importantes em nossa busca de compreendermos como se pensa, ora e vive em e entre diferentes experiências pessoais e coletivas de espiritualidades no Brasil. Retomemos primeiro algumas crenças tradicionais do catolicismo popular.

Entre os lugares de destino da alma de uma pessoa, apenas o "Inferno", o "reino do mal", é um lugar habitado, mas sem vida social e, mais do que tudo, sem qualquer família. Por isso, nele o homem "perdido" e "condenado" perde a sua "salvação eterna", sua individualidade e, através dela, qualquer vínculo com "os seus". Pior do que os tormentos do fogo, o Inferno é um lugar de sofrimento solitário. A própria metáfora dos sofrimentos entre fogo e tormentos da carne nada mais é do que uma simbologia da existência eternamente condenada a um "mundo" sem o bem: isto é, sem a individualidade compartida entre seres amados, parentes, amigos, santos e Deus.

Ao contrário, o "Paraíso", o "Céu", "os Céus", é, antes de tudo, o re-encontro de pessoas que na Terra estiveram unidas por laços de consanguinidade (como uma mãe e uma filha), de afinidade (como marido e esposa, padrinho e afilhado) ou de amorosa amizade. Laços agora eternos que reconstroem o mais amado dos mundos sociais, o da família. Antepassados e descendentes agora revestidos de seus puros espíritos e para sempre convocados a partilhar no "Céu eterno" a presença dos seres sagrados: Deus em suas "Três Pessoas", a "Virgem Maria", os santos e os anjos, e os seres humanos agora sacralizados, ou seja: "salvos e na glória de Deus". Um modelo muito simples do imaginário popular quando desenha as famílias divinas e divinizadas poderia fazê-las interagirem mais ou menos assim:

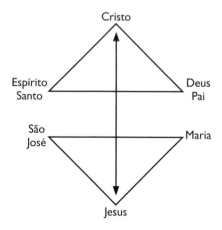

Uma "família" ao mesmo tempo real e simbólica, sem a presença de uma sagrada mulher-mãe, constituída por seres plenamente divinos, torna possível e fecunda a existência na Terra e, depois, no Céu de uma família humana de seres divinizados: "Maria Santíssima – Virgem-e-Mãe de Jesus Cristo", "seu Filho e nosso irmão" e seu "santíssimo esposo", São José.

O imaginário espiritual do sagrado em sua versão católica popular e tradicional estende a própria "Sagrada Família": Santana e São Joaquim são cultuados apenas por serem os avós de Jesus Cristo, assim como São João Batista é pouco lembrado como profeta-precursor da vinda de Cristo, mas é amorosamente recordado como seu padrinho no ritual sagrado realizado às margens do Jordão. Assim, ele, mais do que um santo entre outros, é o "padrinho de Jesus" e um "cumpadre de José e Maria".

Sendo uma tradição religiosa amorosamente interativa, familiar e relacional, o catolicismo popular torna os apóstolos uma confraria de quase irmãos da qual exclui Judas, "o traidor", e quase esquece os outros todos, menos Pedro, por duas razões.

Primeiro porque a ele foram dadas as chaves dos céus. E este fato é interpretado como o poder de codecidir com a própria divindade o destino das pessoas depois "falecidas". Não devemos esquecer que entre os santos juninos, tão intensamente ainda festejados em todo o Brasil, um deles, João, é primo e padrinho de Cristo; outro, Antônio (o único posterior a todos), é venerado por ser "casamenteiro", isto é, constituidor de laços de amor e filiação através do matrimônio; e o outro, Pedro, colocado fora de relações de vínculos de consanguinidade ou de afinidade familiar, torna-se nada menos do que "o porteiro do Céu".

Segundo porque se acredita – entre várias histórias e lendas – que após tudo o que aconteceu nas "escrituras sagradas", Jesus Cristo "andou pelo mundo" na companhia de Pedro, gerando uma enorme saga brasileira de casos e estórias das viagens dos dois "amigos". Uma sequência de estórias exemplares, em que Pedro faz quase sempre o papel "Sancho Pança" do homem tolo, ingênuo e nem sempre ético, que quer sempre sair ganhando e perde, e se perde, e dá lugar a um ensino de Cristo a ele e a todos nós.

Eis como uma espiritualidade piedosamente crítica e ao mesmo tempo quase inocente, social e dramaticamente popular retoma o mistério do sagrado católico e o repensa segundo os termos das culturas camponesas do país, reduzindo a lógica, a ética e a teologia cristãs a um entretecido sistema afetivo de trocas entre categorias de sujeitos:

a) terrenos, como homens e mulheres, vivos e mortos;

b) de corpo e alma ou já de alma apenas, justos e pecadores, perdidos e salvos;

c) sociais divinizados, como os santos, as almas dos "salvos no Senhor", "Nossa Senhora";

d) divina, plena ou simbolicamente humanizados, como a pessoa de "Deus Pai", de "Jesus Cristo", e a pessoa, a presença etérea ou mesmo a "pombinha do Espírito Santo".

Esta é também maneira de pensar o sagrado em um sistema de vida religiosa individual, familiar, comunitária e mesmo nacional que associa cada pessoa, cada família, cada cidade, cada povoado ou mesmo uma região do país e toda a nação a um único, a um par ou mesmo a um pequeno feixe de santos padroeiros. Se Nossa Senhora de Aparecida é, oficial e popularmente, a "Mãe" e a "Padroeira do Brasil", o "Padrinho Padre Cícero" – um velho padre dado à política, do século passado, morto suspenso de ordens pela Igreja – é o protetor de todo o Nordeste do Brasil e possui lá um número incontável de "filhos" e "afilhados".

Um Cristo santificado como "Bom Jesus de Pirapora" é, ao mesmo tempo, o padroeiro preferencial da cidade e também de todos os seus devotos romeiros. Da mesma maneira como São Benedito é padroeiro de várias cidades com uma maioria de população branca e também de seus negros e mestiços. Não há arraial ou cidade sem seu santo padroeiro, assim como não há categoria étnica ou profissional sem seu santo protetor. Cada pessoa do povo se reconhece protegida especialmente por um ou um pequeno repertório de santos padroeiros, e eles não precisam ser necessariamente os "do dia de meu nascimento" e sequer algum "de meu nome". Entre símbolos de animais e partes da casa, há orações populares em que a proteção de vários sujeitos sagrados é suplicada, pedida ou mesmo barganhada. Porque se Deus é o ser mais poderoso, amoroso e suficiente para atender a todas as súplicas humanas – como entre os adeptos do islã, do judaísmo e dos evangélicos

–, entende-se que "Deus Pai" ou Jesus Cristo "atendem melhor" se acompanhados da intercessão dos padroeiros e protetores, sejam eles santos, anjos ou mesmo objetos sacros, como a "Santa Cruz".

> Minha casa tem quatro cantos
> Quatro anjos me acompanham,
> São Lucas e São Mateus
> Jesus Cristo, Senhor Nosso.
> Galo canta, Senhora adora.
> Bendita seja esta hora.
> Sai pela porta afora
> Acompanhado com Deus e Nossa Senhora.
> (Rezar o "Glória ao Pai")[1]
> Santo Antônio é meu padrinho
> Nossa Senhora é minha madrinha.
> Sete anjos me acompanham.
> Três tochas me alumeiam.
> Cruz, credo.
> O demônio não me atenta,
> Nem ao deitar, nem no levantar,
> Nem no andar, nem no pensar,
> Nem na hora de minha morte,
> Nunca mais me atentareis.[2]

---

[1] *Com Deus me deito, com Deus me levanto.* Op. cit., p. 31.
[2] *Com Deus me deito, com Deus me levanto.* Op. cit., p. 76.

Tal como outras orações tradicionalmente populares e raramente assumidas pelo corpo sacerdotal da Igreja, supõe-se que a proteção santoral seja garantida, porque entre o devoto e os sujeitos sagrados existem laços de parentesco que tornam eticamente inevitável, esperável ou mesmo obrigatória uma resposta benévola de Deus e dos santos. Uma oração popular dirigida a Santa Quitéria chega a fazer dela a esposa de Cristo, na mesma medida em que procede a uma genealogia do próprio orante:

Ó minha Santa Quitéria
Esposa de Jesus Cristo,
Aqui veio um ramalhete
Quem mandou foi São Francisco.
São Francisco é meu pai,
Santo Antônio é meu irmão,
Os anjos são meus parentes,
Ó que bela geração![3]

É essa quase inocente visão consoladora da espiritualidade católica popular e tradicional que, entre diferentes estilos, algumas tradições afro-brasileiras ampliam e diversificam, acrescentando um sem-número de possibilidades de relações entre vivos e mortos e entre categorias de seres

---

[3] Bendito de Santa Quitéria. *Com Deus me deito, com Deus me levanto.* Op. cit., p. 76.

humanos, mediadores, divinos e divinizados. É também a ela e, mais ainda, à polissemia religiosa das espiritualidades mediúnicas que a dos evangélicos populares, pentecostais em imensa maioria, volta-se ativamente. Entre diferenças com que topamos até mesmo na vida cotidiana, temos, de um lado, sistemas de fé, crença e culto que tomam a família e a rede de parentes e consócios da própria vida terrena como um modelo do mundo espiritual, dos lugares sagrados como o "olorum" ou os "céus". Ali estão seres divinos ou santificados em quem a divindade não exclui de serem, também, seres-eixos de feixes de relações regidas pelos códigos sociais da vida familiar terrena. Pais, mães, filhos e filhas, irmãos, padrinhos e afilhados. Amantes até, em relações francamente poligâmicas, como no panteão sagrado do candomblé. E também os seres humanos vivem sua fé como sujeitos de uma família, de uma parentela, de uma rede de pessoas ligadas afetiva e efetivamente por laços de afeto e reciprocidade.

Uma "Folia do Espírito Santo" entra em uma pequena casa rural onde é recebida pelos moradores. Cantando após o "peditório de esmola" um "agradecimento" com bênçãos à família terrena, em uma das quadras do "cantorio", o encontro entre o inocente símbolo familiar da divindade e as pessoas do grupo doméstico é apresentado de uma forma ao mesmo tempo singela e profundamente afetiva. Várias vezes, nas mais diferentes situações, assistimos duas, três pessoas de uma mesma família ouvirem contritas e aos prantos uma "toada de folia" como esta:

Salve o Divino Espírito Santo, oi ah!
Salve o Divino Espírito Santo, oi ah!
O Divino Espírito Santo
Veio em forma de um pombinho,
Quer entrar em sua morada
Abençoar os seus filinhos,
Proteger a sua esposa
Seus irmãos, filhos, sobrinho,
Agradece a sua esmola
Abençoa a sua casa
Pra seguir o seu caminho
Salve o Divino Espírito Santo, oi ah!
Salve o Divino Espírito Santo, oi ah!

Em outros sistemas, de vocação bastante mais individualizadora e dual, a relevância da família terrena é tão reduzida quanto as "famílias sagradas". Jesus Cristo quase se separa de seus pais, José e Maria, para ser reverenciado como "único e suficiente salvador". Toda a dramatização católica ao redor do presépio, do Natal e da "vida Cristo com sua família" é deslocada para um "salvador" que em sua missão "deixa sua família" e elege como "sua gente" seus apóstolos e seguidores. De igual maneira, ao converter-se a uma confissão evangélica pentecostal, a pessoa do "crente" desloca de sua família "carnal" para uma nova família "espiritual", de sua nova "comunidade de irmãos na fé", seu afeto e sua referência de identidade. Vimos como entre os "crentes" evangélicos o destino futuro do morto é imediato e definitivo. E isto traz para a biografia individual de cada pessoa uma mesma lógica que preside todo o corpo de doutrina cristã e sua espiritualidade de vocação pentecostal. Existem apenas três planos de realização da experiência da vida de qualquer ser: a Terra, o Reino dos Céus e os Infernos. A vida de cada pessoa é única, una e dual. Cada um é plenamente responsável pelos atos que em conjunto o destinam à salvação eterna ou à condenação. A fé em Jesus Cristo e uma vida consequente, dedicada à Igreja e ao trabalho religioso, não só separam o "crente" de outros cristãos como são, nele, o sinal visível do poder de Deus na Terra e a certeza de sua salvação. Não há mediadores de graça e perdão durante a vida e nem depois dela.

O lugar celestial é único, e não existem outras dimensões possíveis para a existência humana além da Terra durante a vida e o Céu ou o Inferno depois da morte. Os seres humanos intermediários entre vivos na Terra e mortos são, de acordo com sua fé e seus feitos ético-espirituais, julgados e destinados à "glória" ou à "condenação". Portanto, a verdadeira comunidade de salvação não é mais a família de origem (sobretudo quando dividida entre pessoas de várias religiões), mas a comunidade de eleição em nome de uma mesma fé vivida e de uma mesma crença partilhada. Os vivos em nada podem ajudar seus mortos a "serem salvos no Senhor". E não há espíritos de mortos que possam ter com os vivos qualquer tipo de comunicação. Finalmente, o panteão sagrado é dualizado. Relações de valor espiritual são vividas em e entre eixos simples de relações: eu-Jesus Cristo; eu-Deus; eu-Espírito Santo.

Portanto, ao contrário dos cultos afro-brasileiros, do espiritismo kardecista e do catolicismo popular, as diferentes – mas sempre iguais, no essencial – espiritualidades do pentecostalismo popular no Brasil reduzem drasticamente o repertório de sujeitos santos ou santificados a quem recorrer, ao mesmo tempo que multiplicam o número dos seres e poderes emissários das "forças do Demônio".

Santos são todos os "salvos no Senhor", e entre eles não há uma hierarquia visível, de tal sorte que Maria e Paulo, assim como Moisés e João Batista, são pessoas notáveis pelo destino religioso que viveram e pelo lugar que tiveram na "história sagrada" e na vida de Jesus Cristo. Mas, mortos, são como qualquer outro "salvo", e não há porque dirigir a eles uma prece de súplica ou de louvor. Vimos já como um único mediador, Jesus Cristo, opera a comunicação entre Deus e todos os homens. Uma única emanação divina proveniente do Espírito Santo comunica-se de maneira ativa e intensa com os fiéis crentes e é a única possessão aceita e desejada. Pois o sinal da força e da verdade de uma "igreja crente" é a manifestação da presença do Espírito Santo na comunidade de fé.

Todas as outras possessões e, e de maneira singular, as do espiritismo kardecista, da umbanda e de outras tradições afro-brasileiras são tidas pelos pentecostais como sortilégios das forças infernais, ajudadas por falsos sacerdotes humanos, servos e seguidores do Demônio e de seu "reino". Assim também toda a espiritualidade católica tradicional, regida por um amoroso e familiar desdobramento de múltiplas alternativas de comunicação entre os homens e os seres santos e santificados, e também pelo recurso a estratégias de trocas de favores com santos padroeiros, é considerada pelos "crentes" como ação entre a idolatria pura e simples e os cultos disfarçados do demônio.

De algum modo o Céu dos pentecostais se assemelha ao Inferno dos *católicos* do povo. Isto porque a morte não dissolve a individualidade da pessoa. Ao contrário, ela realiza sua plenitude quando essa pessoa é julgada e posta "à direita do Pai". E ela a exaltará quando, na ressurreição dos mortos, retornar "em Glória" à Terra, como a pessoa "salva" que foi. Mas a morte dissolve a tessitura de laços terrenos, sociais e familiares. A ruptura entre a sociedade terrena e as sociedades sobrenaturais é quase absoluta. Vimos como, entre os católicos, o Inferno dissolve os laços familiares e sociais e é um lugar de eternos sofredores individualizados. Mas o Céu, ao contrário, reafirma as afetivas identidades familiares e sociais da vida terrena. Entre os evangélicos até mesmo a "morada dos eleitos" dissolve os laços terrenos e funda uma sociedade partilhada entre as três pessoas divinas e a individualidade dos "salvos no Senhor".

Por isso mesmo, assim como a própria "Sagrada Família" possui no pentecostalismo evangélico apenas um valor histórico transitório que se esgota nas últimas presenças de Maria junto ao filho morto e, para alguns, nas relações entre ela e Cristo ressuscitado, assim também não existe nenhuma necessidade de preservação de laços entre parentes vivos e mortos, e não se deve ter qualquer afetuosa esperança nesse sentido. Serão os justos reunidos como o "povo salvo em Cristo", aqueles que retornarão à Terra para a batalha final contra as forças terrenas do mal associadas aos exércitos infernais. É possível que, nesta batalha, última, haja parentes de um lado e de outro, e isso já não terá então importância alguma. Laços unidos sob o signo da carne não subsistem na ordem celestial. A própria experiência da conversão a qualquer confissão pentecostal antecipa isto, porquanto ao novo "crente no Senhor" é exigido que considere sua família terrena como uma realidade "do mundo", subordinada a valores e interesses de sua nova família de opção: "a igreja", a comunidade terrena dos já "salvos em Nosso Senhor Jesus Cristo".

Fora o caso das confissões pentecostais, estamos aqui diante de duas espiritualidades populares brasileiras francamente relacionais. É provável que esta característica tão evidente responda em boa medida pela própria estrutura social e simbólica das trocas de bens, serviços religiosos e sentidos de fé entre católicos do povo e entre agentes e fiéis dos cultos afro-brasileiros. Uma espiritualidade *relacional* significa, aqui, um sistema de crenças, preces e cultos em que o que está sendo permanentemente atualizado não é uma relação individualizada entre o homem e seu deus, nem a imersão de tal relacionamento em toda uma dupla comunidade: a dos homens e a dos seres divinos e santificados. Ao contrário, as relações individualizadas são vividas sempre como momentos de reforço de um eixo dual dentro de uma teia de outros vários relacionamentos entre cada pessoa e outras de sua família biológica ou simbolicamente sagrada. Cada fiel se reconhece parte de uma trama de trocas cuja origem não-exclusiva é o polo eu-Deus e cujo lugar social de realização não é uma comunidade estável de crentes, como a igreja pentecostal, mas uma teia de laços entre ela e as figuras divinas, entre ela e santos padroeiros e protetores eventuais, entre ela e outras pessoas da parentela, da comunidade social e do sistema de crenças. Estruturas e sistemas de relações que a própria religião redefine e reorganiza.

Tudo se vive entre pais-e-filhos, entre mães-filhos-e-filhas, entre irmãos, entre outros parentes sociais ou simbólicos, entre afilhados-e-padrinhos, entre devotos-e-protetores. É em nome da lembrança de tais feixes de laços e em nome de torná-los ativos e motivados: é para crer, para salvar, para obter o perdão, para conseguir uma ajuda, para "chegar à salvação", para vingar um inimigo, para "livrar de um perigo" que todos os ritos e preces do catolicismo popular são feitos e rezados.

Uma das consequências de tudo isso está na diferença entre o "rezar" dos católicos populares e o "orar" dos crentes evangélicos. Entre os primeiros, as orações são "rezas". São fórmulas de louvor e/ou de rogação conhecidas de todos, ou de alguns, e que tanto podem ser "rezadas" individualmente, como uma Ave-Maria ou um Pai-Nosso – e tantas outras –, quanto, em coro, ser proferidas coletivamente. Por isso o "terço". Por isso os momentos de repetidas orações conhecidas e "puxadas" por um "rezador", um "mestre folião" ou mesmo uma pessoa "da casa" onde parentes e vizinhos se reúnem para uma "reza" familiar ou comunitária. É quase obrigatório que várias cerimônias devotas conhecidas de nosso "folclore do catolicismo popular" sejam concluídas ou iniciadas com a "reza do terço" ou com "rezas" iniciadas assim: "Agora vamos rezar três Ave-Marias e um Padre-Nosso em louvor do Menino Jesus e de Maria, sua mãe, e em nome dos donos da casa que nos acolheram".

Entre os evangélicos pentecostais a oração é uma "prece". Mesmo quando juntos e orando ao mesmo tempo, cada pessoa profere sua oração pessoal, em voz alta e, não raro, em voz muito alta, a um mesmo Deus. Raras são as preces coletivas e mais raras ainda as orações repetidas como fórmulas, tal como no terço dos católicos.

Mas há um lado e o outro. E em uma outra direção pode ser que se queira das preces, todas elas. Há uma passagem da literatura brasileira que talvez melhor do que qualquer outra, e bem melhor do que páginas de boa teoria, fala a fundo a respeito de como pessoas do povo brasileiro lidam com os poderes do sagrado e, de maneira especial, com a fé na prece. A passagem está logo no início do romance de João Guimarães Rosa, *Grande sertão, veredas*. Nela, entre as confidências que faz ao longo de toda a sua narrativa, o ex-jagunço norte-mineiro, Riobaldo, fala de religião e de reza. A um interlocutor sem nome, sem rosto e silencioso ele diz isto:

Hem? Hem? O que mais penso, texto e explico: todo-
-o-mundo é louco. O senhor, eu, nós, as pessoas todas. Por
isso é que se carece principalmente de religião: para desen-
doidecer, desdoidar. Reza é que sara a loucura. No geral.
Isso é que é a salvação-da-alma... muita religião, seu moço!
Eu cá, não perco ocasião de religião. Aproveito de todas.
Bebo água de todo rio... Uma só para mim é pouca, talvez
não me chegue. Rezo cristão, católico, embrenho a certo;
e aceito as preces de compadre meu Quelemém, doutrina
dele, de Cardéque. Mas, quando posso, vou no Mindubim,
onde um Matias é crente, metodista: a gente se acusa de
pecador, lê alto a Bíblia, e ora, cantando hinos belos deles.
Tudo me quieta, me suspende. Qualquer sombrinha me
refresca. Mas tudo é muito provisório. Eu quero rezar – o
tempo todo. Muita gente não me aprova, acham que lei de
Deus é privilégios, invariável. E eu! Bofe. Detesto! O que
sou? – o que faço, que quero, muito curial. E em cara de
todos faço, executado. Eu? Não tresmalho!

Olhe: tem uma preta, Maria Leôncia, longe daqui
não mora, as rezas dela afamam muita virtude de poder.
Pois a ela pago, todo mês – encomenda de rezar por mim
um terço, todo santo dia, e nos domingos, um rosário.
Vale, se vale. Minha mulher não vê mal nisso. E estou, já
mandei recado para uma outra, do Vau-Vau. Uma Izina
Calanga, para vir aqui, ouvi dizer de que reza também
com grandes meremerências, vou efetuar com ela trato
igual. Quero punhado dessas, me defendendo em Deus,
reunidas de mim em volta... Chagas de Cristo.[4]

---

[4] João Guimarães Rosa, *Grande sertão: veredas*. Edição especial da Editora Abril, de São Paulo, em 1983. Página 15.

4

A bênção

Depois da *prece* – do sentimento traduzido em palavras acompanhadas de gestos ou, mais raro, em gestos acompanhados ou não de palavras –, talvez a *bênção* venha a ser a prática mais comum entre várias tradições religiosas no Brasil.

Assim como a prece é o pequeno rito pessoal mais livre e voluntário, a bênção é o outro pequeno rito de piedade mais frequentemente vivido entre duas pessoas, entre algumas ou mesmo uma multidão de pessoas. Incontáveis vezes ela é tão repetida na vida de uma pessoa, de um par de pessoas, como pai-e-filho, de uma família, de uma pequena comunidade, que quase passa despercebida. Um filho diz ao pai, ao encontrá-lo pela primeira vez no começo de um novo dia: "Bênção, pai". E o pai responde: "Deus te abençoe, filho".

E esse pequeno gesto a dois, como poderia acontecer entre um afilhado e um padrinho, uma neta e uma avó, pode repetir-se milhares de vezes no acontecer da vida de quem "pede a bênção" e "recebe a bênção" e também na de quem a "dá", de quem "abençoa". Uma pessoa, ao entrar em uma igreja católica, pode molhar os dedos na "água benta" (quando ainda há) e, ao traçar o "sinal da cruz" pelos altos do corpo, pode abençoar-se a si mesma.

Outras vezes, a mesma bênção pode ser tão única e solene que merece o peso de uma fórmula em latim: "Bênção urbi et orbi". E apenas um único homem, um papa, pode enviá-la desde a janela diante da qual uma multidão de fiéis "vindos de todo o mundo" se reúne na praça, entre contrita e curiosa, cruzando pelo peito o mesmo "sinal-da-cruz". Aqui ela tem este nome: "bênção". Entre os espíritas pode ser um "passe". Em alguns casos pode ser o ofício de uma vocação: a "benzedeira" ou dar mesmo nome a uma comunidade evangélica: "casa da bênção". Vinicius de Moraes a transformou no título e na palavra repetida muitas vezes em um samba. O "samba da bênção".

Assim, de um modo ou de outro, todos benzem. Os diferentes agentes sacerdotais de uma igreja, de uma pequena agremiação fundamentalista, de uma clientela fiel a um "benzedor" compartem e repartem, entre palavras e estilos ora próximos, ora diferentes, o mesmo gesto de invocar a proteção de um deus, de um santo, de um poder do sagrado. O gesto de convocar as forças do bem para que venham expulsar as do mal do fiel ou do cliente, tornando-os puros e livres do pecado, da doença e da ameaça. O gesto extremo em que a bênção ultrapassa o "passe" e se realiza como exorcismo, como "expulsão do demônio" do corpo de uma pessoa "possuída".

Em algumas religiões de Itapira, uma cidade do interior de São Paulo que trago aqui como exemplo, o exercício da bênção ou do passe é reservado a pastores e médiuns ou a seus auxiliares de dentro ou de fora da confraria de agentes eclesiásticos.[1] Mas não é raro que, à margem do campo de ofício do sacerdote legítimo e consagrado, o pequeno profeta ou o pequeno milagreiro local reinventem fórmulas de bênçãos por um momento acreditadas como mais fortes ou mesmo mais sagradas do que as das igrejas tradicionais.

Em outro extremo, existem usos mais comunitários do ato de benzer, distantes das confrarias ou dos agentes autônomos, procurados e temidos por seu poder de "dar bênção" ou agir contra ela. Vimos já como no catolicismo popular, e até mesmo no das paróquias mais tradicionais, a prática da bênção – especialidade do padre ou do benzedor – é um direito de todos, segundo sua vocação de identidade, não apenas no interior do sistema religioso, mas também no socialmente comunitário. Sabemos que dentro do círculo familiar mais próximo mães e pais abençoam. E este círculo de abençoadores pode ser bastante

---

[1] Daqui em diante transcrevo quase sem mudanças passagens de meu livro: *Os deuses do povo: um estudo sobre a religião popular*. Publicado há muitos anos pela Editora Brasiliense, ele foi republicado, agora na íntegra, pela Editora da Universidade Federal de e Uberlândia, em 2007.

ampliado. É costume entre os meninos camponeses de bairros e sítios pedirem a bênção quando chegam ou saem de perto de qualquer adulto – sobretudo quando homem e velho. Timidamente murmuram um "*bença*" e esperam a resposta de um "Deus te abençoe".

Caminhemos passo a passo, em busca dos sujeitos e dos momentos da bênção.

As bênçãos do padre

Todas as bênçãos católicas conhecidas entre nós são formas e fórmulas pedidas de empréstimo ao padre. Mesmo os benzedores de quem se contam aqui e ali curas e milagres reconhecem o poder da bênção de algum padre, como a pessoa mais legitimamente apta a "dar" e a "distribuir" bênçãos. Durante suas "benzeções" pelo menos duas benzedeiras de Itapira faziam invocações piedosas aos padres de Poá e de Tambaú, enumerando-os ao lado dos santos mais conhecidos na piedade popular.

Entretanto, os padres da cidade de Itapira divergiam a respeito da bênção. O da paróquia de São Judas Tadeu não recorria a mais do que as poucas bênçãos do ofício, obrigatórias por preceitos canônicos: as de fim de missa, de batizado, de casamento e algumas outras mais. As "bênçãos de superstição", em nome de santos e semelhantes, ele as aboliu de sua paróquia. Pois segundo seu juízo elas são crendices medievais e pertencentes à "igreja colonial", não possuindo vínculos com os rituais cristãos originais e autênticos da igreja primitiva.

Os outros padres recorrem com frequência, entre os dias "comuns" e as datas "festivas", aos diferentes apelos e recursos da bênção. A frequência da bênção sacerdotal é mais comum junto ao vigário da paróquia de Santo Antônio, para quem todas elas são meios espirituais e legítimos de se ofertar ao povo o que ele pede e necessita. Ele anuncia bênçãos especiais através de um programa de rádio, de acordo com o santo padroeiro do dia: bênção de velas no dia de Nossa Senhora das Candeias; de doentes da garganta nos dias de São Lázaro e de São Brás; de noivos e namorados na festa de Santo Antônio; de animais – a bênção mais solicitada pelos sitiantes – no festejado dia de São Sebastião. São todas elas bênçãos bem conhecidas entre os católicos. Com mais frequência, elas repetem apenas o gesto das mãos que alongam os braços ao formarem os dois lados de uma cruz no ar. Outras vezes a bênção do padre (e apenas a dele) é "dada" com a aspersão de "água benta".

A benzedeira católica e os passes dos espíritas

Dona Leontina benze como uma profissional do ofício. E, assim como ela, alguns outros benzedores dos "bairros de baixo" e dos sítios. Vista de longe, parece que ela procede como os médiuns dos dois centros espíritas da cidade. E como eles procedem?

Eles deixam a sala do "centro" na penumbra; posicionam-se às costas dos pacientes sentados em cadeiras, e realizam passes sob efeito do guia que incorporam para o exercício da bênção, passando as mãos, sem tocar o corpo, da cabeça para baixo em direção ao tronco e à cintura, como se elas retirassem dele e da vida do cliente todo o mal, dos espíritos malévolos às doenças daninhas, que são quase sempre reconhecidas como obra deles.

Dona Leontina não "dá passes" e, com respeito, reconhece que "isto" é atribuição dos médiuns espíritas, da mesma maneira como "o padre tem bênção que é só dele!" Ela não se reconhece incorporada de espíritos de luz e nem expulsa os "das trevas". Quem vem a sua casa para ser "benzido", mais do que abençoado, senta-se numa cadeira diante de um pequeno altar rústico: uma pequena mesa dentro de um "cômodo" pouco maior do que ela, coberta de toalha e de uma infinidade de imagens e quadros de padroeiros. A benzedeira pergunta o nome da pessoa e o repete em voz alta: "José". Ela começa então o pequeno ritual, tendo as mãos apoiadas de leve ora sobre a cabeça, ora sobre os ombros do cliente.

1) Invoca Deus, Jesus Cristo, Maria e faz pedidos de bênçãos "ao José".

2) Diz, como num título, "o Pai-Nosso" e sussurra a oração enquanto faz pressão com as duas mãos sobre a

cabeça do abençoado. Depois, oferece "o Pai-Nosso" em louvor a Maria e a vários santos, alguns dos quais acompanhados de adjetivos: Santo Antônio, São Pedro, São João, São Benedito, o glorioso São Sebastião, "o meu padroeiro São Francisco", Santa Joana D'Arc e alguns outros.

3) Anuncia "a Ave-Maria". Recita a oração num sussurro, como no caso de "o Pai-Nosso", e com os mesmo gestos.

4) Oferece a Ave-Maria à "Nossa Senhora, nossa mãe santíssima do céu", e, de novo, aos santos já nomeados, tais como "São Francisco de Assis, que eu tenho tanta devoção".

5) Faz, mais uma vez, as mesmas duas sequências completas: a do "Pai-Nosso" e a da "Ave-Maria".

6) Passa as mãos sobre a cabeça do cliente e desce com elas até os ombros. Diz fórmulas católicas tradicionais do tipo: "Bendito seja Nosso Senhor Jesus Cristo, para sempre seja louvado" etc.

7) Passa, por mais três vezes, as mãos pela cabeça até os ombros, murmurando fórmulas finais e inaudíveis de bênção.

Dona Leontina avisa que a "bênção está pronta". A pessoa então se levanta. Em algumas ocasiões a pessoa benzida deixa uma muda de roupa de alguém da família, roupa essa que a benzedeira coloca sobre o altar ou pede que o próprio sujeito segure. Benze com poucos gestos e palavras e avisa: "Isso também já está benzido". Algumas vezes o objeto é uma garrafa de água para um doente beber. Quando são crianças, ela oferece em um mesmo copo dois dedos de um líquido "bento", anunciado por ela como "o remédio da titia", após a bênção. Depois ela se despede do cliente com palavras de costumeiro fervor cristão: "vai com Deus, minha filha, que Jesus, Nossa Mãe Santíssima, todos os santos do céu e seu anjo da guarda lhe acompanhem sempre".

O passe do Caboclo Boiadeiro

O Caboclo Boiadeiro que "toma o aparelho" de dona Amélia "dá passe" de bênção de pé. O cliente e o caboclo ficam de frente um para o outro. Ele "obriga" a médium a colocar um chapéu de vaqueiro na cabeça, a usar gestos machos e a fumar um grande charuto barato.

O caboclo coloca as mãos juntas sobre a cabeça do cliente e as faz descerem ao longo dos lados do corpo, até quase a canela. Murmura palavras mais inaudíveis do que as de dona Leontina e depois joga da boca cheia de fumo a fumaça do charuto sobre o cliente. Após o passe, alguns pedem conselhos: assuntos sobre a saúde, o trabalho ou a vida afetiva. O caboclo responde entre poucas palavras e "despacha" a pessoa.

Em raras ocasiões, após o passe, quando reconhece que o caso é para tanto, o Caboclo Boiadeiro incorporado em dona Amélia faz um "transporte". Um pequeno rito de cura em que um suposto espírito invasor é forçado a sair do corpo e do espírito de quem o sofre. Os agentes das pequenas igrejas evangélicas realizam o mesmo processo, com outros nomes e fórmulas.

As bênçãos dos evangélicos pentecostais

Os evangélicos pentecostais não acreditam no poder da bênção dos católicos – da benzedeira ao padre – e acham que todos os rituais, dos centros espíritas aos terreiros de saravá, são sortilégios de invocação das forças do Demônio. Por isso, benzem invocando os poderes diretos da divindade, sem qualquer intermediação de santos e mesmo de anjos celestiais. Não raro dirigem-se mais às forças demoníacas de possessão do que aos poderes celestiais. E palavras como "em nome de Deus eu te ordeno..." são sempre usadas. Com palavras mais de ordem ao mal do que de prece ao bem, eles exigem do demônio ou de "todo tipo de mal" que abandonem o corpo e o espírito do crente ou do cliente atormentados.

Na pequena comunidade pentecostal da *Igreja Boas Novas de Alegria*, terminada a rotina do culto, o presbítero pergunta se há algum irmão "se sentido mal". No fundo da garagem que provisoriamente serve de "congregação", uma mulher levanta o braço. O presbítero ordena que ela se aproxime e retira de um vidro marrom dois comprimidos brancos que esconde na mão. Quando os dois ficam um diante do outro, ele coloca um deles na boca da mulher. A seguir, sobrepõe as duas mãos com força sobre a sua cabeça e repreende em alta voz a enfermidade: "Sai dessa mulher toda obra de macumbaria, de feitiçaria, em nome de Jesus e para a honra e glória de seu nome". Bate a seguir o pé com força no chão, calca mais ainda as mãos sobre a cabeça da mulher e profere em voz muito alta: "Eu te repreendo, toda enfermidade, todo mal, que saias dessa mulher, em nome de Jesus!".

Outras pessoas se animam com o que testemunham e fazem uma pequena fila diante do benzedor "crente". Ele distribui bênçãos a um de cada vez, mas agora sem o desempenho solene dado à primeira mulher. Ato contínuo, toma nas mãos um embrulho, grita por seu dono, entrega a ele o embrulho e avisa: "Esse eu já orei. Já tá orado, viu, irmão?".

O obreiro e um irmão da Igreja Cristo Pentecostal do Brasil benzem em sua própria casa um menino que aparece com dor de dente e foi a eles enviado pela mãe. Eles sentam o garoto em uma cadeira e ficam os dois à sua frente. Começam pela leitura de uma passagem evangélica e, depois, colocam ambos as mãos sobre a cabeça do doente. É quando um deles profere:

> Senhor, nosso Deus e nosso Pai, está esta criança diante de tua presença, ó Senhor! Ele crê também verdadeiramente que tu podes operar grandemente. Ele tem essa dor de dente; ó Jesus, tu sabe, tu conhece. Repreende essa enfermidade, que ela não possa resistir nessa hora e nesse momento, Senhor. Em tudo nós te agradecemos, Senhor. Esta criança crê também verdadeiramente. Esta criança vem aqui, Senhor, ela crê na glória de ti que conheces a enfermidade. Nessa hora, Senhor, nesse momento, no teu mandato repreende esta enfermidade. Em nome de Jesus, sai, enfermidade! *(E apertam mais ainda a cabeça da criança.)* Em nome de Jesus, está repreendido! Em nome de Jesus, em nome de Jesus! Amém.

As bênçãos de cura divina

A Igreja do Senhor Jesus envia bênçãos pelo rádio aos "sócios mantenedores do *Programa Esplendor da Fé*" três vezes por semana. Quase no fim de cada noite de culto, na "tenda da bênção", o missionário ou seu pastor emissário pedem que todos levantem as mãos, nuas ou com objetos: roupas, carteiras, retratos. Ele profere então uma solene oração de bênção.

> Senhor Jesus, as mãos dos meus irmãos estão estendidas nesta hora. As mãos deste povo, ó Jesus, Senhor, levantadas para ti. Senhor Jesus, nesta hora, neste momento, penetra em cada coração. Penetra, Senhor Jesus, com o poder, em cada vida! E aqueles que passarão pela fila milagrosa, recebendo a imposição das mãos, que o Senhor possa operar maravilhas em favor dessas vidas. Que Satanás seja reprimido! Que Satanás seja mandado embora desta casa! Que Satanás nunca mais possa perturbar esta vida, e que esta noite seja memorável para cada um, Deus! E que eles possam dizer em coro: "O Senhor Jesus é meu pastor e nada me faltará".

Em seguida, ele brada um "Glória a Deus", avisa que todos podem abaixar as mãos e anuncia:

> Esses quadros que você está vendo à sua frente *(são pôsteres de Jesus Cristo)*, esses discos, essas caixinhas de promessas, essas bíblias *(quando entram moças auxiliares, cada uma delas carregando um dos objetos anunciados)*,

você pode comprar aí ao lado quando sair. E os sócios do programa Esplendor da Fé, pagando também suas mensalidades. E aqueles que querem se tornar sócios do programa Esplendor da Fé é bom, porque, além das bênçãos especiais que você recebe diariamente, você recebe uma bênção especial que eu darei uma vez por mês. No primeiro domingo do mês eu darei, às 15h30, uma bênção especial para os sócios do programa.

Todos gritam "Amém!", e o missionário termina com um solene "Glória a Jesus!". Logo a seguir ele emenda o noticiário com o aviso da "fila milagrosa". Descrevo-o com mais cuidado, porque aqui há bênçãos por atacado entre sucessivos acessos de "endemoniados".

A fila milagrosa vai ser formada, e eu colocarei as minhas mãos em você, e o Senhor Jesus vai operar maravilhas. Venha com muita fé, porque os milagres vão acontecer esta noite, em nome do Senhor Jesus. Aqui na porta *(local único por onde os "abençoados" podem sair de volta a seus lugares, e onde ficam duas moças com sacolas encostadas nos portais da igreja)*, quando você sair, deixe sua oferta, e Deus te recompensará.

Formam-se duas grandes filas que passam diante do missionário. Sempre, pelo menos, entre 150 e 200 pessoas. Solene, vestido de longa batina até os pés, com uma grande cruz de prata no peito, o missionário abençoa os pares de fiéis passantes. Coloca as mãos fortemente sobre a cabeça dos clientes e brada alto a fórmula da bênção: "Em nome do Senhor Jesus, recebe a bênção. Todo o mal destruído, todo o mal destruído, em nome do Senhor Jesus".

E, sempre aos pares, ele despacha duplas de abençoados que passam pela porta de saída e enfiam em uma das sacolas a paga pela bênção. Alguns aparecem com fotografias de parentes, e elas recebem a breve bênção: "São as mãos de Jesus, pelo sangue do Senhor Jesus. É a bênção de Deus para esta fotografia". De repente uma mulher cai "possessa". Ela é agarrada por três ou quatro auxiliares que a envolvem em um tipo de lençol e a deitam ao lado em um espaço reservado para os casos previstos de "visita do Demônio". Ela se contorce agarrada pelos braços e pernas, espuma e grita, enraivecida, como se o "espírito maligno" falasse de dentro de seu corpo, contra ele:

> Eu vou matar ela! Eu vou matar ela! Eu tenho uma missão! Eu não saio da vida dela. Eu não vou, não vou, não vou! Eu já falei que não vou sair daqui! Chama mais, chama mais, chama mais! Você não quer morrer, peste? Eu vou matar. Eu vou matar! Eu vou matar você, peste!

Ela emite gritos agudos, contorce-se, grita ainda mais forte.

O pastor exorciza o "espírito do mal", enquanto os auxiliares seguram.

> Eu te ordeno, demônio, que pelo poder do Senhor Jesus abandones agora esta mulher! Sai desta mulher, Sa-

tanás, pelo poder de Deus, eu te ordeno que saias da vida desta mulher.

A mulher ainda grita alto. A essa altura ela já está em companhia de mais quatro ou cinco "caídos". Aos poucos começa a gritar menos; acalma-se. Os homens livram seu corpo antes firmemente subjugado por dois ou três auxiliares, e ela se senta sobre o lençol. Como que desperta de um transe, ela olha em volta, arruma os cabelos, coloca-se de pé e sai pela porta amparada por uma amiga.

O missionário continua as bênçãos de pares, apenas preocupado que não haja muitos "caídos" de só uma vez, para que eles não venham a ser um maior número do que o dos grupos de auxiliares exorcistas. E ele prossegue:

>Em nome do Senhor Jesus, nós confiamos em Deus!
>É a bênção de Deus para esta vida...

A oração da bênção na Congregação Cristã do Brasil

Entre os evangélicos pentecostais, os da Congregação Cristã no Brasil são os menos afeitos às bênçãos públicas, mesmo quando dentro da igreja. Não há delas durante os cultos nem ao final. Quando alguém precisa, é melhor um ancião ou o cooperador irem à sua casa – depois de consultar a vontade de Deus – para "impor as mãos", tal como em *Atos dos Apóstolos*. Mais do que eles, só os adventistas e as testemunhas de Jeová evitam bênçãos públicas. No entanto, em cada um dos cultos noturnos há uma longa oração pentecostal. De joelhos, às vezes debruçados sobre os bancos, os crentes oram em altos brados, alguns "em línguas". Mas, ao contrário do que acontece nas Assembleias de Deus e em igrejas menores, aos poucos a oração de um crente destaca-se em volume e clareza sobre todas as outras; domina-as e acaba em solo, numa longa prece, que é também um pedido detalhado de bênçãos. Aquele crente, tocado, entre todos, pelo Espírito Santo, ora através de seu poder.

>Pai santo e justo, em nome de Nosso Senhor, o Deus vivo, estamos aqui, Senhor da Glória. Um pequeno número dos teus filhos, Senhor Eterno, não para clamar a tua misericórdia, Senhor Bendito, mas para clamar, Senhor Amado, a grande necessidade que temos da tua presença, Deus Vivo, Pai de Infinita Bondade. Queira vir ao nosso encontro neste momento, Senhor de Glória Eterna, Deus Bendito, descobrir o segredo do nosso coração, na tua presença, Deus Vivo, Pai de Infinita Bondade, Senhor da Glória... Este culto, Deus vivo, Senhor, pelo teu Filho Amado. Pai de infinita bondade, nos eleva ao Deus da Glória. Que graça de eternidade tem o teu povo nestes últimos dias, Deus vivo, Pai de infinita bondade? Queira, Senhor amado, queira abençoar nossas crianças, Senhor eterno, e levantar os pequeninos, Senhor da Glória, para cantar bem alto o som da tua glória, Senhor Jesus. Queira abençoar, Senhor amado, nossa oração, Senhor Jesus, os teus filhos, Senhor amado, e orientá-

los nos teus caminhos, Senhor Bendito. Para sempre seja louvado o teu nome santo. Ah, Jesus de bondade, queira, Senhor amado, abençoar, Senhor Bendito, queira abençoar estes pedidos de oração, Senhor eterno, o qual tem chegado em tua casa, Senhor amado, nesta noite, Senhor Bendito, daqueles que estão aqui porque confiam na tua bondade, Deus vivo, Pai de Infinita Misericórdia, em nome de nosso irmão Bendito, Senhor Eterno, porque tu conheces as necessidades dos teus servos, Divino Deus, olha por eles, Senhor Eterno, dai forças também para eles, Senhor Eterno, dai forças também para as nossas famílias, Bendito Deus, porque tu sabes, Senhor Eterno, que enquanto a fruta não tá madura, Senhor Eterno, ela não é colhida, Deus amado. Queira, bendito Deus, preparar todos para estar em sua presença, Deus da Glória, Deus de infinita bondade. Abençoa os teus filhos, Deus Eterno. Queira dar forças para poder caminhar contigo, Bendito criador, Deus de infinita misericórdia. Queira perdoar também a nossa grande falta na tua presença, Deus Eterno. Deus, como o cativo errante, Deus vivo, conto com a tua misericórdia, Deus vivo, para poder caminhar nessa jornada santa, Deus vivo, Pai de infinita misericórdia. No colégio. Tu conheces as necessidades de teu povo. Queira vir ao nosso encontro nessa hora, Senhor Eterno, na comunhão de todos juntos, no coração puro, na tua presença, Deus vivo. Queira mandar um pedacinho da tua bondade, da tua palavra. Queira falar com as nossas necessidades. Porque é tão grande a nossa necessidade na tua presença, Senhor Amado, Deus Eterno, Deus de infinita bondade. Queira vir a nós com as tuas armaduras celestes, Pai Eterno, para... o Senhor da Glória. Nós podemos começar, Senhor Eterno, com todo amor em nosso coração. Senhor amado, queira abençoar nossa mocidade no meio de vós, no meio do seu povo, Deus vivo. Queira dar mais força para fazer a tua vontade, Senhor Amado. Não deixe sua mocidade desanimar do seu caminho, Senhor amado. De tão grande é essa missão, Pai da Glória, Deus de infinita misericórdia. Abençoa as criancinhas no meio do teu povo, meu Deus. Queira dar vosso escolhido na tua presença, meu Pai Santo. Deus de infinita bondade, abençoa os nossos cooperadores, aqueles que levam a tua palavra dum lado para o outro, Bendito Deus. Queira abençoar, Senhor amado, queira revestir mais e mais a tua armadura celeste, Deus amado, Deus infinito. Glória a ti, Pai Eterno, em nome de Jesus Cristo, teu Filho, aquele que é bendito e eterno!

Durante todo o tempo da oração, os outros crentes gritam uma vez ou outra fórmulas de louvor e aprovação: "Amém, amém, Senhor!". "Aleluia, aleluia, aleluia!" "Ó, glória a ti, Senhor." Ao final, todos reúnem as vozes e dizem, juntos, um prolongado: "Aaaaméééém!"

As bênçãos de Deus pela boca dos santos

Os ternos mineiros "de Folia de Santos Reis" que saem do município de Jacutinga e invadem o território de Itapira distribuem as bênçãos "dos três reis santos" de casa em casa, entre sitiantes, acompanhantes e "moradores" que os acolhem em suas casas.

Nas casas de "giro" ou de "pouso", a "companhia entra

casa adentro, seguindo os donos que recebem das mãos de um "alferes da Folia" e carregam a "bandeira dos Três Reis Santos". No momento do cantorio de peditório de esmolas alguns ofertantes preferem dividir a quantia em pequenas partes, de modo a distribuir a proteção dos santos entre as pessoas da família e, às vezes, entre os animais da "criação" e os produtos vegetais da terra. Os foliões recebem as porções de esmola: pequenas quantias de dinheiro, às vezes um frango, às vezes uma leitoa. Recebem e devolvem as prendas com longas cantorias de agradecimento e bênçãos. Transcrevo uma pequena parte de uma delas.

Segurou nossa bandeira
Ela é a nossa guia,
Santos Reis que lhe abençoe
Ao Senhor e sua família

É a oferta de Alfredo
Deus que pague nessa hora
Tem a bênção dos Três Reis
E também Nossa Senhora

Seu João que deu a oferta
Deus lhe pague de uma vez
Tem a bênção de Jesus
E também dos Santos Reis.

A série de quadras da cantoria prossegue, entre anúncios da oferta de dádivas dos moradores e respostas de agradecimentos e bênçãos prometidas pelos foliões da "Companhia de Santos Reis". As pessoas devotas dos "três reis do oriente" acreditam que suas bênçãos pessoais e para a família possuem uma eficácia inquestionável, sobretudo quando a elas está ligada uma promessa a ser de algum modo pago através do "giro da Folia de Santos Reis". São comuns em todo o Brasil as narrativas de grandes milagres. Mas também de grandes castigos de pessoas promesseiras, que "receberam a graça" ou a "bênção dos Reis Magos" e não cumpriram a promessa feita.

Na realidade, vista com vagar e desde o lado de dentro de sua lógica, a Folia de Santos Reis, assim como vários outros rituais do *catolicismo popular*, é uma longa e complexa celebração da reciprocidade. Entre caminhadas, chegadas e saídas de uma "casa do giro" ou "do pouso" e entre preces, cantorios, gestos cerimoniais e rezas coletivas, as pessoas de um lado e do outro, entre os foliões viajantes e a "gente da casa", estão trocando e reciprocizando bênçãos, bens e serviços costumeiros e festivos da religiosidade popular.[2]

---

[2] Remetemos o leitor a livros de nossas pesquisas de campo relacionadas na bibliografia. De modo especial os seguintes: *Sacerdotes de Viola; Memória do sagrado; "De tão longe eu venho vindo"; Cavalhadas de Pirenópolis; A cultura na rua; O divino, o santo e a senhora; A festa do santo de preto; Peões, pretos e congos.*

Também nas festas juninas dos bairros "de baixo", assim como em festas a outros santos padroeiros, que incorporam uma "reza de terço", quando a dupla de rezadores completa o terço, começa a cantar quadras de "beijamento". Então festeiros e fiéis fazem fila e beijam fitas do altar, como forma de receber as bênçãos de Santo Antônio, de São Pedro, São João ou de outros santos patronos.

Santo Antônio disse a missa
São João benzeu o altar
São Pedro está dizendo
Quem quiser venha beijar.

Num mundo tradicional e ancestralmente católico, leigos, fiéis e rezadores podem, tal como padres e benzedeiras, multiplicar sob muitas formas as fórmulas piedosas e recíprocas de bênção, entre palavras e gestos que se acredita que podem: tornar "cumpre" uma promessa; curar uma pessoa de seu mal; "livrar do mal" uma casa, uma família, e até mesmo uma boiada ou uma plantação de milho. Palavras e gestos que, tal como entre os evangélicos pentecostais, podem conduzir a uma proximidade maior da "graça de Deus" ou mesmo de um santo.

A imagem bíblica da imposição das mãos sobre a cabeça subsiste em raros gestos na paróquia; mas nos redutos da religião popular, católica, espírita ou evangélica, ela se reinveste e se reinventa entre passes, brados e preces. E, entre os católicos, umbandistas e adeptos de cultos de orixás – mas jamais entre espíritas e evangélicos –, também entre danças, cantorias e quadras que anunciam ao fiel que sua esmola, sua participação em uma roda da dança de São Gonçalo ou sua presença em uma "reza" garantem seguro direito a uma bênção ou a muitas delas, enviadas diretamente por Deus ou por um santo de quem o agente terreno é apenas um emissário que, muito mais que *anunciar*, *dá* a bênção.

Assim, numa "folga" ou dança de São Gonçalo em toda a região paulista e mineira próxima a Itapira, o início da "função" sempre se dá através de um "beijamento" dos fiéis aos santos ou às fitas pendentes de suas imagens e de um altar rústico de que devem fazer parte pelo menos: São Gonçalo (podem ser várias imagens, trazidas por diferentes dançadores-promesseiros), Nossa Senhora Aparecida e São Benedito. Este beijamento, assim como a "reza de terço" que em geral conclui a noite inteira das seis "voltas" da Dança de São Gonçalo, envolve já costumeiras bênçãos tradicionais.

É costume que logo nas quadras iniciais da "primeira volta" a dupla de violeiros, cantadores-folgazões, entoe palavras de bênçãos aos "donos da casa", "promesseiros" e todas as outras pessoas presentes, junto com o anúncio da chegada "diante do rico altar" e do pedido a São Gonçalo e aos outros santos de preceito para que ali se realize a "função" em seu louvor.

Eu cheguei e ajoelhei
Eu pus o meu joelho no chão

Eu fiz o sinal da cruz
Que é pra ser a nossa Luz.

Comecei as oração
Na frente de São Gonçalo
Essa santa palavra eu falo
Pra nos dar a santa bênção.

Eu cheguei e joelhei
Eu fiz o "pelo sinal"
Nessa hora tão bonita
O meu senhor São Benedito
A sua bênção nos dá,
E a bênção já tá chegando
Os seus devotos tá esperando
Na frente do rico altar.

A bênção, o exorcismo, a religião e a magia

Descrever sumariamente algumas alternativas de bênçãos serve para nos ajudar a compreender diferenças importantes dentro de uma religião, entre religiões e entre a religião e a magia.

Vimos que em algumas fórmulas tradicionais de bênção, tanto de igrejas canonicamente oficiais quanto de tradições religiosas populares, o que se faz é invocar um poder sagrado e/ou celestial: de Deus Pai a Jesus Cristo, dele a Nossa Senhora, Mãe de Deus e a São Sebastião, a que venha derramar suas bênçãos sobre uma pessoa, uma família ou toda uma comunidade, para protegê-la do mal, para "livrá-la de todo o mal".

Em outros casos a invocação a um poder benévolo e sagrado dramatiza simbolicamente uma luta; um enfrentamento entre seres e modos de ser de poderes extra ou supra-humanos. A bênção toma então uma forma bastante próxima à do exorcismo. Parte-se do reconhecimento de que alguma potestade malévola invade, ocupa ou "possui" o corpo, o espírito ou a totalidade de uma pessoa. Ela pode ser o próprio Demônio, um de seus enviados ou simplesmente um "espírito maligno", um ser malevolamente supra ou sub-humano, ou mesmo o espírito humano "desencarnado".

Duas direções podem ser então tomadas, e uma não exclui a outra. Na primeira, o foco do ato devoto está na invocação das forças do bem, para que sua presença e ação expulsem as forças do mal invasoras de alguém que sofre. Em outra direção, aqueles a quem as palavras são dirigidas são diretamente os agentes ou algumas forças do mal. É quando, em nome de pessoas e poderes do bem – "Deus Todo-Poderoso", o "Senhor Jesus Cristo", "O Espírito Santo de Deus", mais raramente um santo ou mesmo anjos –, ordena-se que os seres e poderes possessores do mal abandonem o sujeito possuído.

Entre os espíritas e também os umbandistas, o invasor de alguém pode ser até mesmo um espírito não propriamente malévolo, mas um agente espiritual impropriamente ocupante de uma pessoa "possuída". Não é raro que então o médium apenas exerça, como "aparelho" de um emissário também espiritual do bem – um "guia" ou um "espírito de luz" – um pedido ou uma pequena prédica de esclarecimento e de encaminhamento do lugar de destino do espírito invasor.

Em direção oposta, sabemos que os evangélicos pentecostais – assim como os católicos em menor escala, e no passado – consideram que, com frequência, espíritos invasores de uma pessoa podem ser uma das personificações das "forças demoníacas do mal", enviadas por agentes do espiritismo ou de outros cultos de possessão, como a umbanda e o candomblé. Tendem a ser comuns hoje em dia ações jurídicas levantadas por pais e mães-de-santo em nome e na defesa de suas tradições religiosas e da legitimidade de seus ofícios confessionais, em resposta às acusações públicas de agentes evangélicos pentecostais.

Uma diferença clássica – e nem sempre aceita em meio aos estudiosos do assunto – entre a religião e a magia está no fato de que enquanto na religião a ação sobre o mal é exercida em nome ou através de um ser e/ou um poder supra-humano e tido como celestialmente ativo e presentificável, na magia o mago, o feiticeiro, o xamã ou um outro agente semelhante invocam a cura através de um poder existente neles mesmos ou em forças impessoais sobre as quais o agente possui um poder não propriamente religioso ou mesmo devocional.

5

O Rito e a Festa
A prece e a bênção no plural

A festa

Algumas vezes, em momentos marcados em vermelho no calendário de um ano de um país, de uma cidade, de uma comunidade rural, em alguns dias seguidos, em uma noite, em um momento breve, mas único, as pessoas deixam de ser quem são nos dias comuns da vida cotidiana e se reúnem e se revestem de outras roupagens, de outras cores, de outros rostos, e se entregam à festa.

Homens de enxada e arado, lavradores, camponeses, homens e mulheres "boia-fria", artesãos, operários de fábricas, pescadores, manicures e domésticas, motoristas, vendedores de pipocas, carpinteiros, pedreiros e serventes trajam-se por um dia, três, uma semana, nove dias de "novena e festa" de cores e de sedas, de veludos e de singelos outros símbolos com que se transformam em guerreiros ou nobres, príncipes, reis e rainhas; em generais, capitães e outras categorias de soldados e de devotos, na memória de povos da África distante. Os dançadores de uma noite inteira ou de um par de horas da Folga de São Gonçalo, os Três Reis do Oriente e o séquito da memória da viagem dos "Magos a Belém". Homens e mulheres que descem a sós, aos pares, em famílias ou em grupos, em "ternos", em "companhias", em "folias", em "cortejos", em "procissão", em "romaria" dos bairros pobres em direção ao centro de uma cidade. E entre toques, cantos e passos ora marciais, ora alegremente dançados, eles invadem as ruas e, depois, a praça, o adro de uma igreja, um coreto, a nave de um templo com suas músicas que são preces. Preces que são também bênçãos e saudações de chegada, pedidos de abrigo, anúncios de um momento do sagrado festivamente irrompendo por entre lugares da vida e do trabalho em outros dias.

Durante os festejos ao Divino Espírito Santo em São Luís do Paraitinga, no interior de São Paulo, os homens dançam nos ternos de congos e moçambiques que desfilam pelas ruas, saem na procissão e se apresentam na praça diante da igreja. Ali, fardados e solenes, mas igualmente alegres e, alguns, tocados por goles moderados de pinga, todos dançam passos que se acredita serem, ao mesmo tempo, de antigos guerreiros e devotos. Dançam para todos, para o festeiro e para o santo que se festeja. Com bastões pintados parecem lutar uns contra os outros enquanto cantam:

Nossa vida é passageira
Ninguém pode alcançar
São Benedito na bandeira

É o nosso guia,
Estamos aqui pra festejar
Ah, que alegria![1]

Nem sempre é fácil separar. nestes momentos de fé e festa, o sagrado do profano, a diversão da devoção, a celebração religiosa da comemoração da memória. Nos dias de uma festividade, em um dia inteiro de uma celebração a um santo padroeiro, em alguns momentos de prece coletiva diante de um altar de igreja ou um altar rústico construído ao lado da casa de um sítio da "roça", sob um toldo de lona, como separar a solenidade que torna coletivamente aceita a necessidade da ordem e a festividade transgressiva que, ao menos em aparência, parece estar sempre querendo desafiá-la?

Afinal, em vários rituais do *catolicismo popular*, por exemplo, em algumas regiões do Brasil, viajam juntos os foliões-devotos que cantam e oram e também o palhaço fanfarrão e quase agressivo. O mesmo acompanhante mascarado e armado de espadas de pau que em algumas "companhias de Santos Reis" representa ninguém menos do que "Herodes"?

Tanto no passado colonial de nossa história quanto nos dias de hoje, de tal modo a *festa* invade a vida que, de repente, parece que tudo é ela – mesmo quando há "crise",

---

[1] Cantorio de moçambiqueiros de Lorena, em uma Festa do Divino Espírito Santo em São Luís do Paraitinga.

ou por causa dela – ou, então, parece que em tudo o que existe há sempre uma dimensão da vida que pode ser vivida como *festa*.

Estamos acostumados a chamar de *festa* a comemoração caseira do dia do aniversário de um parente, entre bolos, bolas e balas. Do mesmo modo, entre comunicados do púlpito e anúncios de uma secretaria de turismo, diz-se: "os festejos da Semana Santa". E assim também acontece com o que imaginamos viverem, em junho, tanto os moradores do campo quando vivem suas ancestrais "festas de São João" quanto as crianças da cidade, quando imitam na escola suas "festas juninas". E muito embora ninguém ouse chamar um velório de "festa", sabemos que há algo festivo nele, sobretudo quando no meio da noite a família do morto se lembra de servir aos presentes alguns "comes-e-bebes". Mas entre lenços que secam lágrimas e acenam o adeus ao morto querido, despedidas de mortos públicos como Clara Nunes, Tancredo Neves ou Ayrton Senna acabam sendo também comoventes festividades coletivas. E cada vez menos um morto querido e conhecido é sepultado com solenes ritos e músicas "de igreja" próprias para o momento, e cada vez mais com palmas e cantos, não raro alegres e até mesmo de Carnaval, se ele foi um integrante de Escola de Samba

Se o carnaval é considerado como "a grande festa brasileira", porque não considerar seu aparente oposto, o "sete de setembro", o dia da independência, como uma outra grande festa nacional? O antropólogo Roberto da Matta não hesitou em pensar assim. Ele acredita, inclusive, que boa parte da solenização da vida brasileira pode ser compreendida como tudo o que acontece dentro de e entre esses momentos rituais separados no tempo e, possivelmente, na intenção. Os dois entretecidos por um terceiro, que coloca a igreja no meio do caminho entre o poder da sociedade civil e o poder de estado: a semana santa.[2]

Ora, se a *festa* pode ser considerada como um *ritual* ou como uma configuração de rituais cujo acontecer se opõe à rotina dos "outros dias" e coloca as pessoas, as instituições e a própria vida cotidiana diante do espelho fiel ou invertido do que elas são, quando não são *a festa*, hoje parece ocorrer com a festa o mesmo que tem acontecido com o ritual. Há uma tendência na Antropologia em considerar como sendo *ritual* apenas solenização cerimonial de certos comportamentos coletivos. É um ritual aquilo cujos propósitos e símbolos, concentrados em cerimônias e mitos, têm algo a ver com uma expressão do sagrado, seja ele mágico ou religioso, em seu sentido mais amplo.

Outros estudiosos do assunto preferem ampliar a ideia do que seja um *ritual*. Porque ele deveria ser considerado apenas o comportamento institucional, formal, coletivamente simbólico e tão solene e prescritivo quanto possível? Assim, alguns outros antropólogos estendem a ideia de *ritual* em pelo menos duas direções:

---

[2] Roberto da Matta. *Carnavais, Malandros e Heróis: para uma sociologia do dilema brasileiro*, Editora Zahar, Rio de Janeiro, 1980, p. 41.

Primeira: ele envolve a conduta festiva de seus integrantes, que não precisa ser necessariamente regida por normas sacralizantes e solenizadoras. Ao contrário, o que dá a especificidade de certos rituais é a possibilidade da expressão espontânea dos sentimentos e a possibilidade de o comportamento coletivo ser irreverente e até mesmo algo transgressivo.

Segunda: não é indispensável que haja uma relação explícita ou desejada entre *o que se faz* e uma esfera mística de sujeitos ou instituições *a quem se faz*, a quem um rito, uma celebração, uma comemoração, uma festa se dirigem, para que haja, em algum lugar e durante algum momento, um *ritual* ou uma sequência interativa de rituais. Ao contrário, parece que em quase todas as sociedades humanas há momentos festivos em que a vida e a eficácia simbólica das festividades estão em elas poderem, ao se oporem umas às outras, realizar simbolicamente a oposição entre o sagrado e o profano, entre a solenidade e a mascarada, entre a cerimônia codificada de sagração e a codificação da orgia que festivamente transgride a própria norma.

Novas formas de viver o *festejo* ou a redescoberta de formas antigas para nosso mundo nos obrigam hoje, mais do que ontem, a estender o poder e o significado da *festa* e de seus *ritos* e *celebrações*. Cada vez mais ela não quer tanto se opor à rotina e ao trabalho produtivo, mas apenas invadi--los e interagir com eles. Invadir a política, o lado do sério nas relações que entre si os homens trocam. Para aqueles a quem o sentido da *festa* é ela ter sempre a ver com o tradicional, a memória do antigo ou a proximidade do sagrado, seria oportuna a leitura, por exemplo, de três artigos do número 9 da revista *Religião e Sociedade*, publicada há anos pelo *Instituto de Estudos da Religião*. Ali estão, lado a lado, três olhares sobre formas tradicionais e modernizadas de solenizar, como festa popular, a experiência da participação: uma romaria católica em Portugal, uma antiga festa anarquista e profana no Brasil, uma festa comunista na Itália.[3]

Claude Lévi-Strauss, um antropólogo francês que começou sua careira entre os índios aqui do Brasil e que no ano de 2008 comemorou festivamente seus 100 anos de idade, traçou em um de seus livros uma oposição interessante entre o *jogo* e o *rito*. No primeiro, as regras que tornam possível um confronto entre dois rivais estabelecem as bases de uma igualdade inicial e indispensável, a partir do que é possível esperar um resultado diferenciador que produza, de fato, vencidos e vencedores. Nada pior do que um zero-a-zero. Como de uma igual maneira as mesmas regras são prescritas para os dois lados, e como as diferenças são estabelecidas ao longo da partida, de acordo com a atuação de cada lado, o *jogo* permite a reprodução de uma infinidade de confrontos com lances e resultados diversos. E esta é sua razão de ser.

---

[3] Os três estudos sobre festas são os seguintes: *Política e Ritual: a festa comunista na Itália*, de David Kertzer; *A Festa libertária no Brasil*, de Jorge Cláudio N. Ribeiro; *A caminhada ritual*, de Pierre Sanchis, em *Religião e Sociedade*, n° 9, junho de 1983.

Ora, o *rito* também é "jogado", mas como se fosse uma partida regida por um padrão de desempenhos cuja característica é justamente a desigualdade *a priori* entre os participantes. Como se fosse uma única partida viável entre todas as possíveis, o ritual produz sempre, do mesmo modo, os mesmos resultados. Assim, no *jogo*, que é disjuntivo, os adversários são tomados inicialmente como iguais em tudo e produzem ao final o resultado que os torna diferentes. O *jogo* produz acontecimentos a partir de uma estrutura, através da qual codifica e pré-ordena uma simetria necessária. O *rito*, que é conjuntivo, reproduz uma estrutura através de acontecimentos, começando por atores tomados como essencialmente desiguais e procurando um resultado que, ao final, a todos iguale simbolicamente.[4]

Algumas festividades de fundo religioso e devocional no Brasil realizam uma interação que aproxima o que Lévi-Strauss separa e opõe. Festividades a santos padroeiros de algum modo tratam o *jogo* como um *rito*. Um exemplo poderia ser o das representações de *congadas* e *marujadas*, cujas embaixadas simulam combates entre lados opostos, em que atores-guerreiros desempenham papéis fixos entre situações de lutas cujos resultados são conhecidos de todos e, por isso, são intensamente esperados a cada ano. Mais evidente é o que ocorre com as *cavalhadas de cristãos e mouros*. Em festas católicas do Nordeste e do Centro-Sul do

---

[4] Claude Lévi-Strauss. *O Pensamento Selvagem*. São Paulo: Cia. Editora Nacional, 1970, p. 54 e 55.

Brasil, elas são jogadas de tal modo que em um primeiro momento os vinte e quatro cavaleiros, divididos em dois lados de guerreiros rivais, lutam uma guerra metafórica entre várias "batalhas". E elas são as "carreiras" do *rito*, até quando os mouros, vencidos, são convertidos e incorporados ao lado dos vencedores, os cristãos.

Ora, logo após a celebração da paz, os dois lados de guerreiros rituais se convertem em equipes de cavaleiros rivais. E o *rito* termina como um puro *jogo*. Um a um os cavaleiros dos dois lados, agora como adversários individualizados, uns dos outros, devem realizar demonstrações de destreza com lanças e espadas. Então é quando há, entre supostos iguais, verdadeiros vencidos e verdadeiros vencedores.[5] Simplificadas, as *cavalhadas* no Nordeste fazem quase sempre apenas a parte do *jogo*, e ele é toda a sua *festa*.[6]

Esta não será, no entanto, a diferença mais importante aqui. O que deve ser ressaltado é a maneira como a *festa* e o *jogo*, o sagrado e o profano, tão aparentemente separados, são, na verdade, continuamente misturados um ao outro, de tal maneira que, por serem opostos, não se possa pensar em um sem o outro. Não se trata mais apenas

---

[5] Em 1973 realizei um pequeno estudo sobre o ritual das cavalhadas na Festa do Divino Espírito Santo em Pirenópolis, no interior de Goiás. O trabalho foi publicado: *Cavalhadas de Pirenópolis: um estudo sobre representações de cristãos e mouros em Goiás*. Goiânia: Ed. Oriente, 1981, 2ª edição.

[6] Theo Brandão. *As Cavalhadas de Alagoas*, Revista do Folclore Brasileiro, ano II, n° 3, maio/agosto 1962.

de *ritos* que representam *jogos* ou *jogos* que se incorporam a *ritos*. Trata-se do modo como, a cada dia mais, a totalidade de certas festas tende a ser redefinida através de relações de competição que ameaçam tornar, por exemplo, o dia do "resultado oficial" do concurso de blocos e escolas de samba mais esperado e importante do que a noite em que, na "avenida iluminada", eles fazem sua *festa*. Por outro lado, nos grandes dias dos jogos de futebol mais importantes, o *jogo* entre os dois times parece ser apenas um pretexto para que, entre a geral e a arquibancada, a massa dos torcedores reproduza, como um gigantesco ritual, a "festa das torcidas".[7]

Grandes festas religiosas – como a de Nossa Senhora do Rosário em Catalão, em Goiás e em Oliveira, Minas Gerais; as do Divino Espírito Santo, também em Goiás, ou em São Luis do Paraitinga, em São Paulo, entre tantas e tantas outras – desenvolvem-se durante pelo menos os nove dias de uma "Novena em Louvor do Santo" e mais um fim-de-semana em que tudo o mais da "festa" se concentra.

E a "festa ao santo padroeiro" incorpora o que é propriamente "da igreja", como a novena, a missa e a procissão; o que é tradicionalmente "do povo", como os cortejos

---

[7] Sobre este assunto há um trabalho muito interessante escrito por Benedito Tadeu César: *Os Gaviões da Fiel e a Águia do Capitalismo*, dissertação de mestrado apresentada ao Programa de Pós-Graduação em Antropologia Social da UNICAMP, em junho de 1981 (Mimeo.).

e as visitações de ternos de congos e de moçambiques (e outros mais), como as cavalhadas de cristãos e mouros, como a folia do Divino (que percorrerá longos caminhos de visita a sítios da "zona rural" e casas da cidade durante muitos dias antes da Festa); e aquilo que, entre a tradição e a modernidade, fica por conta do lado mais profano do que se vive e festeja: o leilão, o baile, os jogos e o parque de diversões que quase sempre vem de algum lugar para a "cidade da festa".

Se se perguntada por que estão "ali", na festa, as pessoas que a vivem tradicionalmente de geração a geração responderão que vieram viver ali "a devoção e a diversão". Terão vindo cumprir uma promessa, um voto feito a um santo e que será "pago" durante um ou vários momentos da festa. Terão vindo para atualizar com os agentes da Igreja sua vida de fiéis católicos. Terão vindo devotamente participar dos dias de novena, das solenes missas e das procissões. E terão vindo também "festar". Estarão ali por vários dias, por um par de dias de fim-de-semana-da-festa, para viver como atores momentos rituais de canto, dança, rito e jogo. Ou terão vindo para "ver o que acontece". E terão vindo para viver o leilão, as barracas da "feira da festa", para comprar enfeites por vaidade ou utensílios para casa. Para um momento de dança e até mesmo para o direito a uma noite de pequenos prazeres que o cotidiano devoto e camponês controla ou proíbe. E a "festa" é a trama de fios que torna tudo isso uma tessitura de gestos, palavras, preces, bênçãos, cantos, danças, ritos e jogos. Momentos de solene devoção, de emoção diante de uma imagem sagrada, da felicidade de ver, afinal, "um voto cumprido", de alegre soltura do corpo e dos olhos, do prazer da comida farta e repartida entre todos.

Funções? Significados?

Para que servem as festas? Para o que serve pensar a que elas servem, ou em nome de que razões "funcionam"? Estamos muito longe do tempo em que a vida social era imaginada como um edifício, onde todos os andares não só se correspondiam pelo fio de uma mesma lógica, como também respondiam às mesmas ou a diferentes funções. Melhor, portanto, do que procurar saber o que a festa *faz*, não seria mais útil compreender o que ela *diz*? Dito de outro modo: as pessoas fazem a *festa* porque ela responde a alguma necessidade individual ou coletiva ou cumpre alguma função social que a torna, por outros caminhos, necessária? Ou as pessoas vivem a *festa* porque ela é um entre outros meios simbólicos através dos quais os significados da vida social são ditos – com dança e canto, mito e memória – entre seus praticantes?

Há nas festas elementos de conflitos e discórdia. Eles são conduzidos da sociedade para os momentos convergentes, diferentes, divergentes de uma mesma festa. Ou são criados dentro e através da festa. E é assim que antagonismos entre categorias de sujeitos sociais são traduzidos como rito e, entre danças e simulações de lutas, são ao mesmo tempo expostos e simbolicamente resolvidos. Esta seria apenas uma das funções da festa. Seus rituais veiculam mensagens que fazem circular, da sociedade para ela própria, significados e princípios que reforçam as estruturas da própria ordem social.

O mundo da metáfora: seria este o lugar da festa? Um modo coletivo surpreendentemente denso e afetivo de estar, afinal, *aqui* e ser, finalmente *outro*? Um meio pelo qual, sob a ilusão da inexistência das regras do código que torna o cotidiano ao mesmo tempo indispensável e opressor, as pessoas trocam entre si afetos e sentidos. Gestos, palavras e símbolos que não servem apenas para que sejamos mais felizes, mas para que, mascarados e diferentes, possamos dizer uns aos outros e com ou sem a mediação do sagrado quem somos e por quê.

Falamos muito em símbolos aqui. Podemos encerrar este capítulo de nossa viagem com um "fecho simbólico". Há anos estive em Ouro Preto, em Minas Gerais. Sem saber, fui até um canto da cidade, longe dos turistas, onde para a minha surpresa e alegria realizava-se uma "Festa de Santa Cruz". Ao invés de documentá-la como um pesquisador, como já fizera tantas vezes, deixei-me "andar por ali" vendo e vivendo momentos da festa. Era uma festa simples e que parecia reunir apenas pessoas do lugar e de lugares próximos. Traduzi então o que vivi em Ouro Preto sob a forma de um poema em prosa. E ele é assim:

Festa de Santa Cruz

Vindo de longe em carro rápido em busca de outras minas, "o que hão de ser", perguntaria o passante, "aqueles clarões de fogos no meio da noite?". E que ruídos no morrer da tarde acendem lembranças de povoados e vontades travessas de olhar de novo o mundo e o corpo das fêmeas do alto de um terraço? Ontem havia festa de Santa Cruz no lugar em Ouro Preto chamado Ponte da Barra. Que rojões sobem, rasgam o véu do céu e silvam no que em outras noites é o silêncio? As pessoas do bairro e de longe com trajes de feriado e gestos de sábado, as bandeirolas de quatro cores e um certo ar cúmplice de quem bebeu e quer ser anjo. A música de duas clarinetas e a pele uniforme e mulata da banda roceira sobre quem um uniforme azul de anil dá um tom Berbere ao que é de Bom Jesus dos Matozinhos. Alguns pés de prata calçam sandálias de feira e mais o cheiro no ar de perfume de açucena, e o de pólvora, e o de mijo: tudo o que é sempre igual a sempre. Mas nessa noite em que os anjos e os homens bebem juntos e trocam confidências, as pessoas fazem com um outro diferente coração e entre um sorvete e um soluço semeiam a mágica da festa nas almas do lugar. Quem levará a banda da leitoa a quem o frango? Quem acordará do sonho antes do tempo e berrará: "Outra vez! Ah, outra vez!"? Quem, bêbado, tocará com os dedos os seios da moça ou, com as duas mãos, o rosto de Deus? Tudo é nessa noite igual a sempre e mais os fogos no clarão dos montes, e isto é a festa e mais a vida. E os velhos que hoje dormem depois das onze e contam casos de servos e senhores, sentados – sentinelas – nos bancos de pedra a limo nas pontas dos dois lados da Ponte da Barra. E outra vez os rojões, e nunca o trabalho da pólvora foi tão generoso, pois aqui ele clareia a alma das casas velhas e o peito verde dos morros de Minas. Aqui, no lugar chamado Ponte da Barra em Ouro Preto, onde uma oculta festa aos olhos dos vivos fazia dançarem, entre tambores e segredos, fantasmas devotos de negros e congos: homens que quando escravos cavavam com o sangue da farpa dos dedos em busca do ouro deste rio. Ah, os dias de sofrer sob a brasa do calor de março à procura de algumas pequenas fagulhas brilhantes da mesma cor amarela e viva do fogo desta noite! Ramalhetes de luz materializada que a terra cria e o rio esconde. E, quando achadas – raras flores de ouro, rosas de metal e brilho –, levantam sobre os rios as pontes, como aqui, e semeiam o pequeno viveiro de tudo o que a riqueza fácil faz: pontes e cruzes de pedra, casas e igrejas. Tudo o que tem um nome e o ouro ruim batiza: sandálias de moças de vielas; os seus segredos, aras e altares; sacrários, sacrilégios; a púrpura do padre e os foguetes bons da noite; o mijo seco no canto ao lado do rio, a cerveja e, à volta da ponte, um imemorial odor de fé e pinga. Gestos mais do que solenes acompanhados em coro da palavra amém e um suave roçar contrito da mão no peito. Heranças do que o homem faz e a chuva lava. Responsórios de ontem e restos por onde agora viajam sob a ponte suja da praça da festa os dejetos dos vivos e os seus sucos. Sobras do trabalho, os seus degredos: restos do viver que o rio acolhe e indiferente à festa leva longe, entre águas sem ouro e sem segredos.

6

Uma prece chamada folia

Cantos e danças diante do sagrado

Há raros rituais, há poucas celebrações do universo popular do *catolicismo* que tenham sido tão estudados e que atraiam tanto a atenção de praticantes, de participantes e de pesquisadores como as *folias*. Talvez a "folia" mais conhecida entre nós é a "de Santos Reis". Tomemos um pouco de uma história vivida nela e antes dela. Tomemos depois um pouco da descrição de como ela é e do que acontece, o que ela faz acontecer, quando entre "giro e pouso", entre casa e casa, ela ritualmente "jornadeia" entre um 25 de dezembro e um 6 de janeiro.

Alguns mestres de Folia preferem chamar seu *terno de Folia* de "Companhia de Santos Reis". Só não evitam de todo o nome "Folia" porque é impossível. Afinal, "Folia" – "Folia de Santos Reis", "Folia dos Três Reis Santos", "Folia dos Três Reis Magos" – é um nome considerado por todos como original, arcaico e consagrado. Alguns dirão mesmo que eles vêm "desde os tempos do nascimento de Jesus Cristo". Mas eles saberão explicar a quem pergunta que "Folia", quando "de religião", nada tem a ver com "folia", como "bagunça", assuntos fora do sério e da devoção. Se em alguns momentos do "pouso" e do "giro" é costume haver cantos e danças profanos e também a alegria de uma mesa farta e de um rito que abriga uma "festa", os *foliões* se consideram caminheiros devotos ou mesmo promesseiros em "missão". Do mesmo modo os "folgazões" da Dança de São Gonçalo" repetem sempre que a "folga" vale como um ritual, uma "devoção", uma prece que se canta e dança, e que paga promessas e acerta as contas de vivos e mortos com Deus e os santos. "Estamos aqui cumprindo uma obrigação que os Três Reis Santos deixou pra nós", é costume que se diga.

Acontece que de algum modo a *Folia* foi *folia* no passado. E entre um tempo e outro, de um a outro domínio de prática, ela oscilou entre a dança profana e o rito sagrado. Oscilou entre a mascarada e a solenidade. Oscilou entre a praça, a nave das igrejas e os caminhos da roça, do sertão.[1]

Retornemos por um momento a tempos do passado.

---

[1] "Mascarada" x "solenidade": esta oposição entre cerimônias festivas é empregada aqui com o mesmo sentido que lhe deu Roberto da Mata em Carnavais, Paradas, Procissões, em *Religião e Sociedade*, nº 1, maio de 1977; da mesma maneira como a oposição: sagrado x profano vem de Émile Durkheim e pode ser encontrada na introdução de *Les Formes Elémentares de La Vie Religieuse*, PUF, 1968.

Ritos com canto e dança foram comuns no *cristianismo primitivo*. Alguns sinais indicam que os primeiros cristãos dançavam nas catacumbas. Coros de meninos vestidos de anjos cantavam e dançavam diante dos primeiros altares, em cerimônias de que derivariam mais tarde as missas do cristianismo católico. Uma "carta aos gentios" escrita por Clemente de Alexandria, morto em 216, descreve cerimônias de iniciação cristã com cantigas e danças de roda. Eusébio de Casareia, morto em 339, narra danças e hinos, tanto na cidade quanto no campo, em louvor a Deus, durante festejos de uma vitória militar do imperador Constantino.[2]

> Os cristãos costumavam dançar bastante nos primeiros anos da Igreja. Dançavam nos lugares de culto e nos adros das igrejas. Dançavam nas festas dos santos e nos cemitérios junto aos túmulos dos mártires. Homens e mulheres dançavam – diante do Senhor e uns com os outros.[3]

Cantos e danças, comuns entre os primeiros cristãos, possivelmente guardariam memórias de rituais pagãos anteriores. No entanto, é inegável que, tal como

---

[2] Ver Louis Backman, *Religious dances in the christian church and in popular medicine.*, p. 30.

[3] Ver o livro de Harvey Cox, *A festa dos foliões,* um livro de 1974. A citação está na página 55. Este livro nos acompanhará ao longo de algumas páginas.

em todos os ritos estudados pela Antropologia nas sociedades tribais, tivessem uma função pedagógica essencial. Antes de surgirem as escolas, os lugares dos rituais eram os melhores espaços das trocas do saber. Dançando se sabe e cantando se ensina o saber da história e dos mitos da tribo.

No entanto, já no século IV, surgem controvérsias sobre o uso de danças nas cerimônias cristãs. São Basílio Magno, também bispo de Cesareia, inicialmente aprova sem restrições cantos e danças em sua igreja. Depois as condena, porque no lugar da devoção piedosa começa a ver sensualidade. Teriam as próprias danças pascais a que se refere incorporado, através das mulheres, a lascívia e a profanação? Ou teriam os olhos da hierarquia descoberto a semente de uma perigosa autonomia dos fiéis, nos gestos espontâneos da comunidade cristã?

> Durante o milênio seguinte, as autoridades da Igreja sustentaram uma luta desesperada, primeiro para garantir a compostura na dança, e depois, perdida essa batalha, para abolir a dança de vez. Século após século, bispos e concílios baixaram decretos, advertindo contra as variadas formas de danças que se executavam dentro e nos adros das igrejas. Mas elas perduraram. Por fim, em 1208, o concílio de Wurzburg declarou-as grave pecado.[4]

---

[4] Harvey Cox, *A festa dos foliões*, p. 96

O que acontece a partir de então na Europa Medieval acontece depois no Brasil. As proibições da hierarquia cristã não extinguem de todo os rituais com canto e dança da massa festiva de fiéis. Elas empurram o seu cenário para outros cantos de culto popular. Expulsos da nave dos templos, os devotos dançadores refugiam-se nos adros. Expulsos dali, vão para praças, ruas, beiras de cidade, campos. Alguns ritos de dança voltarão timidamente incorporados a procissões. Outros irão fazer parte dos festejos devocionais do que muito mais tarde veio a ser chamado de Catolicismo Popular.[5] Mas vamos por partes.

Sobretudo no centro-sul do país, o nome "folia" aplica-se a um ritual religioso de grupos de viajeiros precatórios. Grupos de artistas devotos, em nome de uma santidade de devoção coletiva, visitavam casas onde recolhiam dádivas, distribuíam bênçãos, atualizavam promessas e anunciavam os festejos do "santo" em nome de quem se reconheciam "em jornada": *Folia de Santos Reis, Folia do Divino Espírito Santo, Folia de São*

---

[5] Cito Harvey Cox: "Nem mesmo essa interdição definitiva conseguiu abolir a dança religiosa. Proscritos do santuário, os dançantes foram para a praça, para o adro da igreja e de volta para o cemitério. Acompanhavam ao lado das procissões, ou tomavam até totalmente conta delas. Apareciam nas peregrinações. Animavam os dias de festa dos santos. O culto com dança continuava também em movimentos cristãos fora do alcance dos decretos conciliares e se mantém vivo até o presente. Em congregações negras e igrejas pentecostais, o movimento rítmico não desapareceu jamais. 'Avante, velhos, moços e moças', reza e exortação do dirigente e shaker, há cem anos, 'e rendei culto a Deus, com todas as vossas forças, na dança', em Harvey Cox, *A Festa dos Foliões*, p. 56.

Sebastião, Folias de outros santos de devoção camponesa e tradição popular desde o Catolicismo Colonial.[6]

No entanto, *folia* foi originalmente uma dança portuguesa e de vocação festiva e profana, muito difundida nos séculos XVI e XVII. Uma dança ligeira, com adufes e cantos, segundo o depoimento de Câmara Cascudo.[7] Mais tarde, as folias, purificadas de seus "excessos", penetraram nos salões e, tal como as mazurcas mais ao norte da Europa, tornaram-se também danças de nobres. Ora, folias de vocação mais propriamente religiosa terão chegado ao Brasil através do trabalho catequético dos missionários jesuítas. Desde cedo eles terão compreendido a utilidade de incorporar dramas, cantos e danças no ensino e nos rituais de catequese dos indígenas. "Façamo-los dançarem como nós, para que creiam como nós." Eis um fragmento de texto do padre jesuíta Anton Sepp a respeito do trabalho pedagógico das missões nas reduções jesuíticas entre os índios guaranis:

> ... tomo a lição dos dançarinos e lhes ensino algumas danças, como as costumamos apresentar em nossas comédias, e como são apresentadas nas igrejas da Espanha

---

[6] Algumas definições de Folia: No Brasil a folia é bando precatório que pede esmolas para a festa do Divino Espírito Santo (folia do Espírito Santo) ou para a festa dos Santos Reis Magos (folia de Reis) (Luís da Câmara Cascudo, Dicionário do Folclore Brasileiro, INL, 1962). Tem o nome de Folia esse agrupamento que anda de fazenda em fazenda, a pé ou a cavalo... são elas as Folias de Reis, que vão de 25 de dezembro a 6 de janeiro (José Teixeira, *Folclore Goiano*, Cia Ed. Nacional, 1959).

[7] Ver Luís da Câmara Cascudo, *Dicionário do Folclore Brasileiro,* 1962, p. 321.

por ocasião das grandes festas. Aqui é particularmente necessário entusiasmar os descrentes com coisas semelhantes e despertar-lhes e gravar-lhes, como o aparato litúrgico, uma inclinação natural para com a religião cristã.[8]

A musicóloga Yara Moreyra lembra que as procissões portuguesas, e mais ainda as que os dos padres jesuítas promoviam, realizavam pequenas encenações teatrais ambulantes. Havia carros alegóricos, representações em movimento e, por certo, "danças e invenções".[9] O leitor não se espante, portanto, quando José Ramos Tinhorão aponta as solenes procissões cariocas e baianas dos séculos XVII, XVIII e IX como uma das origens das escolas de samba do Carnaval.[10]

A Folia como dança "de fundo religioso, mais uma manifestação paralitúrgica que profana", é mencionada por Manoel da Nóbrega em 1549. Em uma carta ele descreve uma procissão de Corpus Christi em que já havia "danças e invenções à maneira de Portugal". Autos litúrgicos medievais representados, cantados e dançados no interior das igrejas foram levados à Península Ibérica. Em Portugal e na Espanha, surgem inúmeros autos natalinos a partir dos

---

[8] Tomado de Yara Moreyra, *De Folias, de Reis e de Folias de Reis*, 1979, p. 5.
[9] Ver Yara Moreyra, *De Folias, de Reis e de Folias de Reis*, 1979, p. 5.
[10] Assim como em um estudo anterior, o presente documento deve muito a dois textos da musicóloga goiana Yara Moreyra. Um deles é *Folias Mineiras em Goiás* (Mimeo., 1978), e o outro é: *De Folias, de Reis e de Folias de Reis* (Instituto de Artes da Universidade Federal de Goiás, mimeo., 1979).

séculos XV e XVI.[11] Autos populares piedosos eram então compostos de breves diálogos ingênuos, pastoris, entremeados de *vilancicos*, pequenos cantos que, perdidos mais tarde dos textos de teatro erudito, difundiram-se no meio do povo, tanto em Portugal quanto no Brasil. Serão eles a origem da memória do modo como se canta até hoje a Folia de Santos Reis?[12]

Yara Moreyra estebelece uma curiosa analogia entre cerimônias de visitação de pessoas ilustres aos aldeamentos de indígenas no Brasil (leia-se: visitas de autoridades da Igreja ou da Coroa) e o ritual roceiro da chegada das *Folias de Santos Reis* nas casas de "pouso". Num drama composto por José de Anchieta para a ocasião de tais visitações, o visitante ilustre era recebido à distância da aldeia e levado a ela em um festivo cortejo processional "com canto, mú-

---

[11] Yara Moreyra cita alguns autos de piedade popular que da Península Ibérica teriam vindo como os missionários jesuítas para o Brasil: Auto do Nascimento e la Huida (para o Egito), de Gomes Manrique; Auto da Sibila Cassandra (tematicamente relacionado com o *Ordo Prophetarum*), Auto de Mojica Mendes, Auto Pastoral Castellano e o Auto dos Reis Magos, todos de Gil Vicente (*De Folias, de Reis e de Folias de Reis*, p. 12 a 14). Cito Luís Felipe Baêta Neves: "*Cantos, músicas e danças*, foram, nas Aldeias, muito empregados, sendo julgados os meios mais eficientes para prender a atenção da 'indiada' – o que já era um grande mérito – daí levada a um entendimento considerado de maior valor espiritual" (*O Combate dos Soldados de Cristo na Terra dos Papagaios: colonialismo e repressão cultural*, Forense Universitária, 1978). A respeito do assunto recomendo ainda a leitura do *Estudo Introdutório*, escrito por Armando Cardoso para *Teatro de Anchieta* (Loyola, 1977).

[12] Yara Moreyra, *De Folias, de Reis e de Folias de Reis*, 1979, p. 14.

sica ou dança, até o adro da igreja". Ali, depois de cenas paralitúrgicas, mas ainda devotas, o auto encerrava-se com bênçãos e despedidas. Algumas vezes danças aconteciam, seja no final do primeiro, seja no final do último.[13]

Das aldeias e da catequese para fora e além delas, autos piedosos e cortejos processionais com cantos e danças migraram para as festas de povoados e cidades. Invadiram, portanto, igrejas e procissões durante festejos de santos padroeiros em pequenas comunidades rurais (*A Dança São Gonçalo* é um exemplo, assim como o "Divino", reduzido de divindade a santo protetor) ou integraram-se entre as festas maiores do calendário litúrgico da Igreja, como os festejos do Natal, da Páscoa, de Pentecostes, do Corpo de Deus. Uma situação especial é a das celebrações do "divino Espírito Santo", que até hoje tanto podem ser celebradas rusticamente em uma pequena capela de bairro rural como podem ser a principal e mais solene festa de uma cidade como Paraty ou Dimantina.

Os destinos dos ritos tomam rumos diferentes. Da *Festa a São Gonçalo* sobrou a rústica e rural *Função de São Gonçalo*, a dança que sucede a pequena procissão e uma reza ao pé de um altar muito simples, não raro ao lado de um rancho de palhas. Já na *Folia de Santos Reis*, foi justamente a dança o que desapareceu. Em ambos os casos, os dra-

---

[13] Assim, ver em Yara Moreyra, *De Folias, de Reis e de Folias de Reis*, p. 27 e 28.

mas piedosos que cantos e danças serviam para introduzir ou dividir em atos foram com o tempo sendo reduzidos ou mesmo desaparecendo, deixando vivos apenas cantos e/ou danças ao lado das "rezas" tradicionais do *catolicismo camponês*, algumas delas "rezadas" até hoje em um Latim ruralizado, como as longas "ladainhas de Nossa Senhora". Autos populares até hoje existem em outros rituais, como nos de festejos a padroeiros de negros católicos, como São Benedito, Nossa Senhora do Rosário, Santo Elesbão.[14]

A Igreja romanizada dos fins do século XIX buscou varrer dos templos e das procissões boa parte do que foi consagrado como uma piedosa tradição católica anterior. Autos, dramatizações acompanhadas de cantos e, sobretudo, de danças, em que se procurava "representar" passagens bíblicas e da "vida de Cristo".[15] Justamente aquilo que pequenos rituais de vários dias, como as *Folias de Santos Reis*, mantém vivo até hoje. No caso do *Ciclo de Natal*, o resultado deste lento trabalho eclesiástico "purificador", levado

---

[14] Em Goiás, São Paulo e Minas Gerais, fiz alguns estudos sobre devotos dançadores do Congo e do Moçambique. Eles estão em *A Dança dos Congos da Cidade de Goiás* (Folclórica, n° 6, Goiânia, 1976); *Sacerdotes de Viola*, nos capítulos 5 e 6; e em *A Festa do Santo de Preto*.

[15] Entre muitos, recomendo ao leitor alguns estudos em que a questão é discutida: Edison Carneiro, *A Dinâmica do Folclore* (Civilização Brasileira, 1965) e, especialmente, *Ladinos e Crioulos: estudo sobre o negro no Brasil* (Civilização Brasileira, 1964); Fritz Teixeira de Salles, *Associações Religiosas no Ciclo do Ouro* (Universidade Federal de Minas Gerais, 1963); José Ramos Tinhorão, *Música Popular de Índios, Negros e Mestiços* (Vozes, 1972); Julita Scarano, *Devoção e Escravidão* (Cia. Editora Nacional, 1976).

a efeito pela hierarquia católica, foi a lenta transformação do sistema antigo de longo ritos fortemente dramáticos e dramatizados em uma sequência de cerimônias religiosas oficiais – cujo centro é a *"Missa do Galo"* – dentro das igrejas e a "Ceia de Natal", na intimidade do interior das casas dos fiéis. Uma pobre e reduzida memória das grandes e generosas ofertas de comida com que os "donos de um pouso" e sobretudo o "festeiro de Santos Reis" servia "os foliões e toda a sua companhia".

Entre as mãos e as vozes de agentes populares da religião – rezadores, capelães, mestres rituais –, cerimônias como as *folias* e as *folgas* tenderam a reorganizar-se através de pequenas confrarias estáveis de praticantes, ao mesmo tempo que acrescentaram e depois tornaram fundamentais ritos de peditório de esmolas, pagamento de promessas e trocas solidárias de bens, serviços e símbolos. Migrando de um sistema religioso hierarquizado e erudito para um sistema comunitário e popular de devoção católica, as danças de folia dos autos da Igreja tornaram-se longas viagens de *Folia* sem folias.

Deixando de ser um "drama litúrgico" de pedagogia catequética, as *Folias de Santos Reis* perderam com o tempo a estrutura de um longo auto dramático piedoso. A representação da visita dos "Três Magos do Oriente ao Menino Jesus", tão comuns nos autos natalinos de Gil Vicente e José de Anchieta, tomou uma outra forma. A longa jornada com duração de 7 ou 13 dias – de 1º a 6 de janeiro ou de 25 de dezembro a 6 de janeiro – entre casas de moradores devotos ou promesseiros tornou-se ela própria um *auto* sem *drama*. Tornou-se uma réplica popular do acontecimento evangélico, sem danças e sem partituras de teatro religioso. Mas como as histórias e estórias populares às vezes retornam ao seu ponto de origem, vemos que algumas *Folias de Santos Reis* já francamente urbanizadas e, não raro, chamadas a se apresentarem até mesmo diante de câmeras de televisão tendem a reincorporar pequenos autos natalinos, com personagens vestidos como os do presépio e com momentos em que uma pequena encenação natalina é apresentada a um público também urbano.

Entre casa e casa, entre reza e festa

A *Companhia de Santos Reis* sai de uma casa – a do "mestre da companhia", a de um promesseiro, a do "folião do ano", em geral. Ela viaja, sempre que possível, "do Oriente para o Ocidente" entre casas "do giro" e "do pouso". Nas primeiras, os foliões cantam quando chegam, apresentando-se como viajeiros de uma devoção. Depois de aceitos dentro da casa, eles cantam agradecendo a acolhida, pedindo esmolas para a "Festa de Santos Reis", distribuindo bênçãos a ofertantes de esmolas e outras pessoas, agradecendo os "dons" recebidos e anunciando o "Nascimento de Cristo", a "visita dos Reis" e a "festa" a ser realizada "no dia seis de janeiro".

Quando o "dono da casa" ou outra pessoa qualquer solicita algum serviço religioso extra, como a reza de um terço ou um "cantorio" diante de um presépio armado, o grupo ritual cumpre o pedido como parte de seus deveres. Nas casas "de pouso", os foliões são acolhidos para um almoço ou, já à noite, para a "janta e a dormida". Ali são mais frequentes as ofertas de outros serviços religiosos, ou mesmo as funções cerimoniais e festivas, tais como os cantorios de "bendito de mesa" após as refeições, as longas rezas de um terço seguidas de cantos e danças da região (catiras, forrós, chulas, veadeiras e tantas outras).

Na tarde do dia 6 de janeiro a "companhia" e seus acompanhantes – alguns deles viajando "toda a jornada" ou parte dela como "pagamento de voto feito" – chegam ao local antes tratado para a "Festa de Santos Reis". Ali, repetem-se, redobradas em tempo e solenidade, as sequências de anúncio da chegada, distribuição de bênçãos, rezas. Diante de um presépio armado para a festa – uma "lapinha" –, os viajantes da *Companhia de Santos Reis* completam os cantos e as rezas da "adoração". Mais do que em outros momentos, eles são assistidos pelos "donos da casa" – os festeiros –, por inúmeros devotos e outros acompanhantes.

Entende-se que, simbolicamente, "os Três Reis chegaram a Belém" e, uma vez mais, cumpriram o rito de adoração ao Menino Jesus, o que encerra a sequência religiosa dos dias "de jornada". Uma "adoração" completa, conduzida por um mestre experiente, pode durar entre duas e três horas de "reza e cantorio". Depois dela uma generosa refeição costuma ser oferecida "a todos os foliões", aos que vieram com a "companhia" e a todos os presentes. Todos cerimonialmente comem, bebem e, quando ainda há tempo, festejam entre cantos e danças o final de mais uma "Jornada da Folia".

Vista à distância, a Companhia de camponeses que jornadeia em nome dos "Três Reis Santos" parece um *bando*, um *bando errante*. Segue o depoimento de Luís da Câmara Cascudo:

> No Brasil, a folia é bando precatório que pede esmolas para a Festa do Espírito Santo (folia do Espírito Santo) ou para a Festa de Santos Reis Magos (folia de Reis).[16]

No entanto, ela não é um bando errante. Longe disso, é um grupo afetivamente solidário e corporado, voluntariamente entregue a um trabalho religioso. Aqueles que volta e meia tomam, por algum motivo, os caminhos de terra das estradas das roças do país, podem ao acaso dos janeiros topar com pequenos grupos – de três a cinco pessoas – que se acompanham de ao menos uma bandeira, duas violas, um pandeiro e uma "caixa". Como supor que possa haver ali uma organização interna que chega a ser muito complexa quando o grupo é ainda maior, o que acontece com muita frequência?

---

[16] Luis da Câmara Cascudo, *Dicionário do Folclore Brasileiro*, p. 321.

Mesmo quando a companhia de uma Folia é muito pequena, como costuma acontecer com as companhias das "Folias do Divino Espírito Santo", existe ali uma distribuição de trabalho que atribui a cada devoto-folião uma posição hierárquica e um lugar próprio no ofício de "foliar". Cada personagem do ritual comanda e obedece de acordo com o seu posto: *embaixador* (também *capitão, chefe, mestre, guia*), *contra-mestre, alferes, gerente, folião palhaço* (também *gigante, boneco, bastião*).

Cada um toca, canta, reza ou representa de acordo com seu papel de devoto-artista: o das diversas vozes e desempenhos, como a 1ª voz, a resposta, o contrato, a seguinte, e assim por diante; o dos instrumentos do ritual, como violas e violões, pandeiros, acordeons ou sanfonas, rabecas, caixas e pandeiros.[17]

Ainda quando a situação de um personagem é grotesca e parece absolutamente improvisada, como a dos

---

[17] Nomes, títulos de figurantes, funções específicas de cada cargo no ritual, relações internas de saber e poder, distribuição do trabalho artístico, tipos de instrumentos, regras e princípios de regras do rito, tudo varia de região e, não raro, de Companhia para Companhia, de "sistema" para "sistema". Mas em qualquer caso, em qualquer lugar, tudo gira em torno de um *mestre, capitão, embaixador, chefe, guia*, ao mesmo tempo o responsável pelo "terno" e seu principal ator. Os próprios mestres estabelecem as grandes diferenças entre modelos de organização da Folia de Reis, não raro dando o nome de "sistema", associando a um estado ou uma região cada tipo de variação. Fala mestre Messias, de Goiânia: "O sistema de Folia é Goiano, Maranhense e Mineiro; é quase tudo o mesmo ritmo. Agora, Paulista, Cuiabano já é diferente".

"palhaços" – que em quase tudo parecem profanos, profanadores e, portanto, opostos aos piedosos foliões –, ela é tão rigorosamente regida por códigos de preceitos quanto a de qualquer outro figurante. Como toda a jornada entre estradas e casas é entendida como um longo rito que em tudo imita a viagem dos Três Reis Santos a Belém, todos os momentos do "foliar" são codificados: caminhar pelas estradas; encontrar outras "bandeiras" (outras equipes de *Folia*) pelo caminho;[18] adentrar ritualmente cada casa de "morador" ou mesmo cada um dos espaços de um sítio ou de uma casa: porteira, arco, varanda, sala; proceder dentro de cada casa, no interior e fora dos momentos propriamente religiosos do ritual; cantar e dançar nas casas de pouso; chegar ao local da festa e proceder ali.

Em uma companhia de foliões pequena, os foliões podem estar distribuídos assim: um mestre, um contra-mestre, um caixeiro e um menino que faz a voz do "tipe" – o "requinta", típico de algumas *folias de* Minas Gerais e de Goiás. Quando mais completa, uma companhia deve

---

[18] O fato de que de antemão todo o trajeto da Folia de Reis seja pré-determinado, associado ao fato de que, em cada casa do "giro" ou do "pouso", entre as inúmeras de uma "jornada", haja uma contracena completa entre os devotos viajantes e os moradores, devotos e promesseiros, ajuda a pensar que, mais do que um grupo errante de artistas camponeses, o ritual da Folia vem a ser todo um espaço rural (ou já urbanizado, quando na periferia de cidades) redefinido simbólica e socialmente para/pelo trabalho religioso que ali se realiza durante um período de tempo igualmente re-escrito entre regras, símbolos e imaginários religiosos populares.

levar em jornada, se possível, treze participantes: um *mestre* e doze acompanhantes, identificados como "os doze apóstolos de Jesus". Algumas vezes ela incorpora ainda um, dois ou mais *palhaços*.

Assim, quando vive sua jornada anual, uma *Companhia de Santos Reis* do interior de Goiás adota a seguinte distribuição de devotos-artistas:

♦ *Folião do ano* ou
alferes, com a bandeira

Embaixador 1ª voz ♦   ♦ *Resposta* 2ª voz
(mestre)   (contra-mestre)
Contrato 3ª voz ♦   ♦ *Contrato* 4ª voz
Requinta 5ª voz ♦   ♦ *Requinta* 6ª voz
                              (gerente da folia)

Requinta 7ª voz ♦   ♦ *Requinta* 8ª voz
Instrumentalista ♦   ♦ *Instrumentalista*
Instrumentalista ♦   ♦ *Instrumentalista*
                              ♦ *Palhaço*

Acompanhantes[19]
♦♦♦♦♦♦♦♦♦♦♦♦♦♦

---

[19] Muita coisa na Folia depende de seu destino, de seu tamanho. Verifica-se aí uma enorme variação, ou porque em alguns lugares é exigida a presença de inúmeros atores e, em outros, a de um mínimo de pessoas, ou porque em alguns foi possível a um mestre manter a integridade de seu grupo ritual e, em outros, ele perde poucos seus figurantes e precisa redefinir o trabalho ritual de cada um. Folias de Reis de Catuçaba, no município paulista de São Luís do Paraitinga, giram com não mais do que quatro figurantes: duas violas, uma caixa e um pandeiro ou triângulo. Essa é a regra, menos do que isso ameaça a qualidade do trabalho do grupo, mais do que isso é impensável. Mas em Poços de Caldas e numa estrada sem fim entre os municípios de Guaraí e Pedro Afonso, no Norte de Goiás, encontrei companhias de Folia que deveriam ser originalmente maiores e giravam agora com o que lhes havia sobrado de devotos: três, quatro. Por outro lado, até por volta dos anos sessenta, a Folia de Reis de

Uma Companhia de Santos Reis é, ao mesmo tempo, uma *confraria ambulante de devotos* hierarquizados de acordo com posições tradicionais regidas por princípios de saber/poder e uma *equipe de artistas populares* (cantadores, instrumentistas, atores). Entre casa e casa, as "do giro" e as "do pouso", e entre romaria, jornada, prece, cantorio, bênçãos e danças, ela cumpre sua missão de repetir metaforicamente a própria "jornada dos Três Reis Santos a caminho de Belém".

Assim, todos os anos, em inúmeros recantos do Brasil e entre inúmeras variantes, repete-se um festejo tradicional que incorpora crenças e cultos, ideias e atos coletivos de diferentes origens. Uma dança inicialmente popular e profana associa-se a autos dramáticos também populares em sua origem. A dança de *Folia* passa pelo salão dos nobres, e os autos, pela nave das igrejas medievais. Dramas de piedade cristã com versos e danças foram trazidos ao Brasil pelos missionários jesuítas. Faziam parte do repertório do teatro catequético e foram levados a indígenas aldeados por missões da igreja católica. Dos aldeamentos indígenas eles se espalharam entre tempos e espaços dos ciclos das festas de povoados e cidades do Brasil Colônia.

---

mestre Julinho no Morro do Salgueiro, no Rio de Janeiro, formava um cortejo de trinta e cinco pessoas e deslocava: quatro violas, dois cavaquinhos, um violão, um banjo, quatro pandeiros, quatro chocalhos, três cabaças, uma harmônica, um triângulo, um bumbo e três caixas (Zaide Maciel de Castro, *Folia de Reis*, Cadernos de Folclore, n° 16, 1977, Funarte/INF).

Tornaram-se parte da vida das confrarias e irmandades religiosas de todo o país. Dramas da "Vida de Cristo" ou da "Vida dos santos" coexistiam com os ritos oficiais da religião, seja nas cerimônias de dentro das igrejas, seja nas procissões itinerantes. Vistos com desconfiança pelos bispos renovadores do período de romanização do catolicismo brasileiro, ritos com cantos, danças e dramas piedosos – mas, é preciso dizer, em muitos casos fervorosamente festivos e barulhentos – foram pouco a pouco expulsos do interior dos templos e das procissões para o adro, a praça, a periferia pobre das cidades e, daí, para as estradas e terreiros do mundo rural.

Para todos aqueles a quem interessa a questão de como se entrecruzam e entretecem fragmentos do que tradicionalmente chamamos *cultura erudita* com os de uma *cultura popular* (indígena, camponesa, operária), a curta narrativa feita até aqui pode conter algumas lições. A igreja católica apropriou-se de elementos de um saber popular – cantos, danças, versos, autos – que ela re-escreveu e dotou de outras funções, como a de catequese de índios e, mais tarde, de negros escravos trazidos da África. Mais adiante parte do repertório original de crenças e cultos trazidos pela igreja ao povo foi apropriado por pequenas confrarias e irmandades de leigos devotos de algum santo padroeiro. Assim, originaram-se espaços simbólicos de crença, devoção e prática religiosa relativamente autônomos frente ao poder de controle da hierarquia eclesiástica. Em alguns casos, os sacerdotes da igreja primeiro afastaram-se dessas modalidades de saber e de prática devocional. Depois, como aconteceu com frequência no Brasil, bispos e párocos proclamaram sua plena ou relativa ilegitimidade. Cultos antes interiores à "vida da igreja" foram redefinidos como formas marginais de crenças e como cultos imperfeitos ou mesmo profanadores do saber e do trabalho religioso exercido pelas autoridades eclesiásticas. O imaginário e o trabalho simbólico populares recriam o todo ou frações do que praticara antes dentro dos templos ou em seus adros e o transformam em uma ou algumas de suas tradições comunitárias de devoção católica popular.

O ritual votivo da Folia de Reis é apenas um exemplo do que acontece com inúmeros outros. Sobrevivente em redutos de cultura camponesa ou das culturas das periferias de cidades, ela se multiplica entre incontáveis equipes, grupos e confrarias de *foliões*. Unidades populares de trabalho religioso; equipes estáveis de especialistas camponeses que realizam uma fração do trabalho popular de fazer com que circule *na* comunidade e *entre* comunidades rurais ou urbanas o saber coletivo que funda e preserva formas próprias de crenças de fé, de ritos de piedade cristãs, de sinais de identidade e de pautas éticas da própria vida cotidiana.

7

Ser eleito, ser salvo, prosperar, salvar-se com os outros

Um modo de ser, crer, pensar e orar entre outros

Deixemos por conta dos teólogos a tarefa difícil e sempre inacabada de pensar os fundamentos do sistema de sentido de uma religião – revelada ou não – e pensemos em seu outro lado. Pensemos como uma tradição religiosa funda e inscreve, entre a fé pessoalmente individual de seus fiéis e a crença culturalmente partilhada de suas comunidades de fé, um eixo de palavras, de ideias e de imagens através das quais uma identidade religiosa também pessoal ou coletivizada se origina, se transforma e, uma vez ou outra, se extingue. Através das quais o núcleo daquilo que alguém pode chamar "minha fé" ou "aquilo em que eu creio", ou que uma "comunidade de fé" pode, coletivamente, proclamar como "nossa crença" ou "aquilo em que cremos".

Entre as páginas de nosso capítulo primeiro desenhamos um precário guia-mapa de diferentes tradições religiosas, religiões, vertentes ou tendências, igrejas ou outras agências de confissão religiosa. Podemos agora simplificar bastante este mapa imperfeito. Podemos pensar juntos respostas simples à seguinte pergunta essencial: "Qual o fundamento que estabelece uma real distinção entre tradições religiosas que partilham uma mesma origem de crença, como as cristãs?".

Se substituirmos a palavra "teologia" por "espiritualidade", com o sentido com que ela nos acompanhou ao longo da viagem destas páginas, poderíamos reconhecer quatro orientações originais: uma *espiritualidade de eleição*, uma *espiritualidade de salvação*, uma *espiritualidade de inversão* e, finalmente, uma *espiritualidade de libertação*. Devemos de maneira muito sumária descrever aqui o que nos parece caracterizar cada uma delas. Devemos, logo a seguir, tomar a última delas e trabalhar seu significado um pouco mais a fundo.

Estejamos atentos ao fato de que estaremos tratando cada uma delas como um sistema cultural entre outros. Alguns valores presentes nelas poderiam ser encontrados em outros sistemas de sentido e mesmo em outros campos de imaginários, de ideologias e mesmo de gramáticas sociais no Brasil. Entre todas as descritas sumariamente – e elas serão possivelmente apenas algumas entre outras mais –, focalizaremos com bastante mais atenção a que estaremos chamando aqui de *espiritualidade de liberta-*

ção. E o fato de que tenhamos nos permitido esta escolha não significa que as outras devam ser consideradas como modos ilegítimos de crença, de prece e de rito. Por outro lado, estejamos também atentos ao fato de que os nomes aqui dados a formas culturais de *espiritualidades* presentes entre as tradições culturais das religiões no Brasil são escolhas passíveis de críticas e de revisões. Servem como títulos precários e provisórios. Alguns deles atravessam algumas ou várias tradições confessionais de uma mesma religião. Assim, uma *espiritualidade de libertação* aplica-se a uma entre outras modalidades de fé, crença, culto e prática social de pessoas e de grupos católicos. E não apenas a eles, mas também a grupos e pessoas de outras confissões cristãs não-católicas. De igual maneira, há núcleos de uma *espiritualidade de eleição* entre católicos mais fundamentalistas, entre evangélicos, entre as testemunhas de Jeová e praticantes de outras religiões ou vertentes teológico-espirituais no interior de uma mesma religião.

Espiritualidades – modos de pensar e viver a fé e partilhar a crença

Consideramos aqui uma *espiritualidade de eleição* aquela que encontra o fundamento de suas preces, de suas crenças e rituais de culto em um princípio que poderia ser enunciado desta maneira (ainda que devamos reconhecer nele suas variantes): "Existe uma única fé autêntica, existe uma única religião verdadeira, existe uma única comunidade religiosa de crença e culto verdadeira. Um único Deus verdadeiro a constituiu e apenas ela o representa de maneira integral e legítima entre todos. Seus integrantes – sacerdotes e/ou leigos – são os eleitos de Deus e apenas a eles está destinada uma vida religiosa exemplar e a salvação eterna".

De modo geral é a tradições religiosas "de povo eleito" deste tipo que atribuímos o qualificador "fundamentalista". Mas, entre as confissões religiosas praticantes de uma *espiritualidade de eleição*, existem experiências históricas e atuais muito diversas. Algumas delas, por exemplo, são fortemente proselitistas e obrigam seus seguidores a um trabalho conversionista voluntário bastante ativo, como os mórmons (os "santos de Jesus Cristo dos últimos dias") e as testemunhas de Jeová. Outros são, ao contrário, religiões étnicas, nacionais ou culturais bastante mais restritas e fechadas. Nelas a opção conversionista é rara ou mesmo inexistente. Ao contrário, a adesão a uma delas é bastante difícil, quando não se possui um requisito de origem. Nessas duas tendências, de modo bastante geral religiões praticantes de *espiritualidades de eleição* constituem unidades locais, regionais ou nacionais minoritárias. E seu próprio coeficiente mínimo de adeptos "eleitos" é muitas vezes apresentado como um atestado de autenticidade religiosa e de eleição divina.

Uma múltipla *espiritualidade de salvação* representa uma alternativa algo mais aberta frente à *espiritualidade de eleição*. A diferença entre as duas poderia estar nas expressões seguintes. Na primeira, você "é um eleito" e se preserva como tal enquanto se mantiver fiel à sua *comunidade de eleição*. Na segunda, independentemente de sua origem étnica, nacional ou cultural, você "se torna um salvo" ao ingressar de maneira voluntária e autêntica em uma *comunidade de salvação*. Na primeira, você é um "escolhido de Deus" e por "ser um eleito" você *está* salvo. Na segunda, "você escolhe ser de Deus" e, por haver escolhido voluntariamente devotar-se à fé em um deus escolhido, você *será* salvo.

As tradições que melhor traduzem esta forma de espiritualidade são as *do evangelismo pentecostal e de algumas religiões de confissões protestantes e de vocação calvinista*, em que a própria ideia de "predestinação" é bastante forte. Vimos de passagem, em momentos de capítulos anteriores, que enquanto religiões mais abertas e que incorporam variáveis e variantes internamente, como o catolicismo ou o espiritismo, são capazes de incorporar as mais diversas categorias de fiéis – desde Padre Cícero até o cangaceiro Lampião e seu bando, desde a Irmã Dorothy até um jagunço pago para selar sua morte –, por partirem da confissão de que, seres humanos, "somos todos pecadores", confissões religiosas de *espiritualidade de salvação* invertem esta humilde e consoladora confissão com a fórmula: "Nós somos os salvos no Senhor".

E, de fato, as suas pequenas comunidades de crença e culto mantém entre elas, dentro de uma mesma confissão ou uma mesma igreja (como a Congregação Cristã no

Brasil), ou, em alguns casos, no interior de um mesmo "ministério" (como o "Ministério do Ipiranga" da Assembleia de Deus*)*, uma intensa relação que as separa ou mesmo isola de outras, mesmo dentro do mesmo âmbito amplo e multiforme das comunidades evangélicas pentecostais.

Em cada uma delas reside a nova e verdadeira "família" de uma pessoa convertida. Ali estão seus "irmãos na fé" e os que serão "salvos comigo" e "comigo haverão de estar no dia do Juízo Final e na Glória do Senhor". Não porque sejam pré-eleitos, quem quer que sejam, mas porque resolveram "entregar suas almas a Cristo" e se elegeram a si-próprios como "dignos da salvação". Cada uma delas constitui uma pequena confraria de pessoas que observam uma rígida hierarquia interna e que exigem, umas das outras, uma declarada e evidente apologia conversionista de sua fé e uma conduta ativa de "crente no Senhor Jesus", mais do que apenas de "cristão", e exemplar aos olhos dos "irmãos" e aos olhos do "mundo". De tudo aquilo que, não pertencendo à comunidades dos "irmãos" e dos "salvos no Senhor", faz parte de um mundo profano e profanado, pertencente mais às forças do mal ou ao próprio poder do Demônio do que à "seara dos benditos".

São as pequenas e incontáveis comunidades de fervor pentecostal e de uma polissêmica – mas, em sua variedade, bastante uniforme em seus fundamentos – *espiritualidade de salvação* que se colocam no ponto ótimo de uma lógica do sagrado, distantes dos "outros evangélicos" que, como os protestantes históricos, preservam o miolo da crença cristã verdadeira, mas perderam ao passar da história o "poder do Espírito Santo". Mais distantes ainda de e, em algumas confissões, aberta ou silenciosamente antagônicas a todos os *católicos (*que, para além dos protestantes, profanaram a "mensagem de Cristo", perverteram as virtudes da "igreja primitiva" – o cristianismo dos primeiros tempos, de que os pentecostais se reconhecem os seguidores fiéis – aliaram-se a poderes terrenos a partir do papado e, enfim, tornaram-se idólatras). E, finalmente, mais distantes ainda e tão antagônicas quanto possam ser de todas as religiões de possessão, do espiritismo kardecista ao candomblé, que sob a fachada de religiões não seriam mais do que práticas e confissões de magia e de culto disfarçado ou inconsequentemente não-sabido do Demônio. E, no entanto, não esqueçamos que a prática de exorcismos sobre supostos "possessos" das forças e dos "espíritos do mal" é bastante costumeira na maior parte das comunidades evangélicas pentecostais.

Em outra direção, as comunidades aderentes a uma das variáveis de *espiritualidades de salvação* se reconhecem a igual distância das multidões de fiéis e de clientes ocasionais do neopentecostalismo das "casas da bênção", das "igrejas eletrônicas" e de uma espiritualidade de inversão, que nos espera no parágrafo seguinte.

O qualificador de fundamento das tradições desse neopentecostalismo não é o que emprego aqui – na falta de uma fórmula melhor e mais fiel –, mas "teologias da prosperidade", ou "igrejas da prosperidade. Acreditamos que *espiritualidades de inversão* soa melhor aqui, e não apenas por uma questão de métrica ou de rima. A palavra "inversão" aplica-se aqui em um duplo sentido.

Num primeiro, quando a palavra equivale a um sentido de inversão, no interior do universo evangélico pentecostal daquilo que o pentecostalismo da *espiritualidade de salvação* considera sua própria essência e sua especial vocação: a teia de pequenas, fervorosas e estáveis – tanto quanto possível, pois boa parte de seus fiéis "migra" justamente para agências como a Igreja Universal do Reino de Deus – comunidades de fé e vida transformadas em grandes agências de massa e de oferta de serviços a clientes, mais do que a fiéis, em cultos cuja regularidade cotidiana quase recupera os horários dos antigos cinemas. A exigência de uma confissão de fé pública e voluntariamente proselitista acompanhada de uma vida dedicada à "vida da igreja" e ao "estudo das escrituras sagradas", em nome de uma existência cotidiana exemplar, envolvida em sacrifícios e rigorosos controles de si-mesmo e dos outros frente a mínimos gestos do desejo e dos "prazeres mundanos", degradados em uma relação utilitária com a fé cristã e com a própria pessoa de Jesus Cristo, a do Espírito Santo e do "Senhor Deus" (mais do que o Deus-Pai dos católicos), ao lado de uma frequência de cliente interessado a cultos em que a multidão dos presentes oculta uma vocação absolutamente individualista. Finalmente, uma frouxa adesão ao conhecimento "da palavra de Deus", seja através de cultos de massa em que um "ensino dos fundamentos da fé" é relegado a um plano secundário, seja por causa de uma desobrigada atenção aos estudos pessoais "das sagradas escrituras".

Em segundo lugar, no sentido mesmo de uma "teologia da prosperidade". Agências, principalmente cristãs, do sagrado em que uma salvação da alma em um momento futuro, fruto de uma vida consagrada a um Deus e a uma vida consequente com as duras exigências desta fé é, de maneira aberta e proclamada, substituída pela crença de que "se eu dou a Deus agora o que é devido, ele deverá responder logo adiante com minha realização pessoal aqui e agora". A compreensão weberiana das relações religiosas de tipo "*do ut des*" (dou para que me dês) é, entre os praticantes de uma das variantes – e não são muitas – de *espiritualidades de inversão*, levada a um ponto extremo. Deus existe para responder a meus interesses individuais, a partir de minha prosperidade material na vida, de tal modo que a vida religiosa acaba por fundar-se em uma relação utilitária de inversão. Eu invisto, material e também espiritualmente, em uma crença no "poder de Deus", e ele, em troca, responde. Não em termos da garantia da salvação de minha alma, após a minha morte, mas através da realização de meus desejos do corpo, enquanto vivo.

A libertação como espiritualidade

E assim chegamos à nossa última espiritualidade. Tal como as palavras "salvação" e "eleição", que são próprias das teologias e das espiritualidades de suas tradições religiosas, ditas desta ou de uma forma equivalente, assim também "libertação" provém de uma teologia originada no que chamarei aqui (lançando mão de uma expressão também vinda da "vida da igreja" para fora, originada entre seus praticantes e bastante carregada de apelos de afeto e sentido entre eles) de igreja popular.

Ora, é justamente frente a uma ingênua e quase utilitária espiritualidade de trocas entre devotos e padroeiros, típica do catolicismo popular e contra um fatalismo de destino pessoal e coletivo também costumeiros entre seus praticantes, que os continuadores de uma igreja popular procuram reler, rever e transformar. Quase no final de nossa viagem ao longo de alguns temas das espiritualidades populares do Brasil, seria adequado falarmos com mais vagar algo a respeito de uma espiritualidade de libertação. Cremos que seus instauradores pós-conciliares, seus continuadores e seus praticantes atuais entre nós prefeririam falar de uma "espiritualidade libertadora". Pois entre os labirintos de saber, prática e poder da igreja católica, em sua dimensão eclesiástica, e as tênues teias de relacionamentos com as origens e a atualidade de um multiforme catolicismo popular, eles procuraram criar, junto "com o povo oprimido" e em seu nome, o que proclamam ainda hoje como "uma nova forma de ser igreja".

Estamos acostumados com o noticiário de jornais e de televisão quando, a cada ano, informam o andamento e as decisões de mais uma "Assembleia da Conferência Nacional dos Bispos do Brasil". Uma divisão de posturas teológicas, pastorais e até mesmo políticas os divide segundo uma trilogia que migrou do terreno político profano para a própria hierarquia da igreja católica. Assim, lado a lado, sentam-se prelados e bispos "conservadores", "moderados" (sempre a maioria) e "progressistas". São estes últimos os que, de maneira reservada ou francamente aberta e pública, apoiam os padres e leigos considerados como outros "católicos progressistas".

Essa pequena e ativa fração pós-ecumenicamente mais radical do cristianismo católico e também evangélico – pois aos católicos somam-se inúmeros evangélicos, sobretudo das tradições de "imigração", como os Luteranos, e "de missão", como alguns congregacionais e presbiterianos (eles mesmos divididos em ao menos três vertentes) – no Brasil e em toda a América Latina tenta estabelecer um novo "compromisso com o povo".

Nada mais terreno e concreto para pensarmos o foro íntimo de uma espiritualidade de libertação do que a imagem do próprio corpo humano, que visitamos em capítulos deixados muito atrás. Melhor começarmos nele, e não em amplas visões sociais e políticas de nossa história passada e recente.

De modo bastante diferente das tradições que separa na pessoa humana o corpo e a alma, tomando nossa etérea essência "animada" como uma prisioneira do corpo e como a dimensão humana que conta e que deve ser preservada "das tentações da carne", o corpo de uma pessoa é um dom de Deus. Um dom dado não com o propósito de servir aos desejos pessoais ou como suporte a um espírito destinado a uma salvação eterna individualizada. Um dom da vida dada a mulheres e a homens para que eles compartam com os outros – suas irmãs e seus irmãos – e a própria divindade, a tarefa incompleta de concluir a "obra da criação".

Assim, o corpo, morada não apenas de uma "alma", mas da integridade inseparável de uma pessoa, vale não por ser puro e santo, como entre os católicos tradicionais e os evangélicos, mas por poder atualizar sua santidade como presença e participação de um sujeito humano e histórico no trabalho cristão de completar a própria obra divina da criação, preservando a vida, libertando o homem da opressão e da injustiça, semeando por toda a parte a igualdade, a inclusão e a partilha, transformando o mundo, recriando a história e, portanto, estabelecendo aqui na Terra o lugar perfeito do Reino de Deus e o tempo esperado e prometido da *salvação*.

O momento em que um "canto de lavradores de Goiás" entoa:

Queremos terra na Terra,
Já temos terra no Céu...

revela com mais clareza do que muitas palavras algo que é, na espiritualidade de libertação, ao mesmo tempo uma tarefa humana e uma esperança evangélica. E a passagem do evangelho que lembra Jesus Cristo dizendo: "Eu vim para que vocês tenham vida, e vida em abundância", traz a própria vida de sua eternidade individual, futura e celestial para a historicidade coletiva, presente e terrena.

O corpo e a vida do homem valem pelo que criam e pela maneira como participam, em cada pessoa e entre pessoas irmanadas, de um compromisso fraterno de vocação libertadora. Uma missão que continua como prática pastoral e política – pois é da *polis*, da cidade humana que se trata – a própria história redentora de Jesus Cristo entre os homens. Tanto é assim que, em primeiro lugar, este *Cristo* deixa de ser o homem-deus penitente que veio ao mundo pregar, sofrer e morrer pelos pecados individuais de pessoas, individualmente, para se transformar em um enviado divino à tarefa humana de redimir o mundo através do trabalho fraterno sobre o próprio mundo e entre os homens. Em segundo lugar, um Cristo que se re-historiciza e revive não apenas "onde dois ou três estejam em meu nome", mas na pessoa real de cada homem ou mulher oprimidos. Quem é Jesus Cristo? Como ele é?

> Seu nome é Jesus Cristo e tem rosto.
> De indígena, de afro-americano
> Que sofre em condições desumanas
> Vivendo pobre e marginalizado.
> Seu nome é Jesus Cristo: o homem do campo
> Sem terra, sem recursos, sem futuro
> Em tudo dependente e submetido
> Por um mercado injusto, explorado.

ENTRE NÓS ESTÁ E NÃO O CONHECEMOS!
ENTRE NÓS ESTÁ E NÓS O DESPREZAMOS!

Seu nome é Jesus Cristo: é operário
Sem voz nem vez e mal remunerado
Dificultado para organizar-se
E sem defesa justa e sem direito.
Seu nome é Jesus Cristo: está vivendo
Lá no aglomerado suburbano
Curtindo fome e sede mais miséria
De cara com riqueza e esbanjamento.

ENTRE NÓS ESTÁ E NÃO O CONHECEMOS!
ENTRE NÓS ESTÁ E NÓS O DESPREZAMOS!

Seu nome é Jesus Cristo: é condenado
Ao desemprego ou ao subemprego
Vítima do desenvolvimento
Do cálculo econômico, esmagado...
Seu nome é Jesus Cristo: é um jovem
Sem rumo e formação, desorientado
Sem capacitação, desocupado
Frustrado, entregue à droga, viciado.

ENTRE NÓS ESTÁ E NÃO O CONHECEMOS!
ENTRE NÓS ESTÁ E NÓS O DESPREZAMOS!

Seu nome é Jesus Cristo: é uma criança
Golpeada pela fome, sem piedade
Faminta, deturpada, abandonada
Sem casa e sem família, sem cidade.
Seu nome é Jesus Cristo: é um velho
Doente, inútil, triste, desprezado
De produzir é incapacitado
E pela sociedade rejeitado.

ENTRE NÓS ESTÁ E NÃO O CONHECEMOS!
ENTRE NÓS ESTÁ E NÓS O DESPREZAMOS!

Eu tive fome e sede, era mendigo
Doente, peregrino, maltrapilho
Banido, perseguido, aprisionado
No meu irmão Latino-Americano.
Você me conheceu? Seja bendito
Bendito todo aquele que me atende!
Venha bendito, venha tomar posse
O reino pra você está preparado

ENTRE NÓS ESTÁ E NÃO O CONHECEMOS!
ENTRE NÓS ESTÁ E NÓS O DESPREZAMOS![1]

---

[1] "Seu nome é Jesus Cristo", canto de devoção da *Igreja Popular*, em: *Nós Lavradores Unidos, Senhor*, p. 80 e 81.

Ei-nos diante de uma espiritualidade em que o sentido de "perfeição cristã" migra de uma ética individual para uma ética francamente social. Que migra de uma expectativa pessoal fundada em trocas e favores relacionais para a esperança de realização coletivizada de criação de inúmeras "comunidades de salvação", que viriam a se concretizar nas comunidades eclesiais de base. Que desloca o eixo de relações homem-deus centrado em um feixe de biografias exemplares, como os "santos" dos católicos e os "salvos no Senhor" dos evangélicos, para um sentido de história que atribui ao trabalho humano um significado não mais reprodutor de uma ordem estabelecida, mas transformador de uma ordem social injusta e desigual. Uma ordem social criada por mãos humanas – e, não raro, apresentada aos "outros" como "a vontade de Deus" – e que, por isso mesmo, por mãos humanas pode e deve ser transformada. Em uma outra equivalente dimensão, o trabalho humano e as culturas que dele resultam deixam de ser pensados como o castigo universal imposto ao mundo por causa do pecado ingênuo de Adão e Eva para se tornarem um ato e um gesto humanos de partilha da própria "humanização do mundo", em que a vontade de Deus afinal se realiza.

Tendo em comum com o catolicismo popular tradicional símbolos e significados a respeito da morte e do destino *post-mortem* do homem, um cristianismo de libertação transmuta seu sentido. A começar pela própria percepção de Jesus Cristo, identificado como um deus-homem ou um homem-deus genérico e abstrato, mas como o homem pobre, "o crente fiel", o "cristão libertador". Em Jesus o sofrimento e a morte passam da biografia do sofredor solitário à história do redentor solidário e deflagram uma experiência inesgotável de "redenção do mundo". Uma história continuada menos na tradição dos santos e santas do passado, tal como a igreja e o catolicismo popular os cultuam, e bem mais na esperança, na luta e no sofrimento, não raramente no próprio martírio dos santos humanos de antes e de hoje, cristãos solidários e testemunhas da própria "missão da Igreja". Em especial os bispos, como Dom Oscar Romero; padres, como Camilo Torres; e leigos do campo e da cidade, como Santo Dias e Nativo Natividade, mortos "na luta pela justiça e a libertação".[2]

Como um exemplo, na espiritualidade da *Semana Santa* não é a dramaticidade popular da "paixão e morte de Nosso Senhor Jesus Cristo" o que se acentua. O que se

---

[2] Desde alguns anos atrás um grupo latino-americano e, hoje em dia, internacional, pan-ecumênico, tendo à sua frente D. Pedro Cacaldáliga, edita uma *Agenda Latino-americana Mundial*. Ano após ano, ao lado de alguns "santos do dia" do calendário católico canônico, são lembrados homens e mulheres, militantes das causas populares, cristãos ou não, e os novos mártires do Brasil, da América Latina e de outras regiões do mundo. Assim, no dia 10 de janeiro do ano de 2009, dia em que escrevemos esta página, ao lado do tradicional Santo Aldo, são lembrados: 1982 – Dona Azmitia Menchy, professora de 23 anos, mártir da juventude estudantil na Guatemala e 1985 – Ernesto Fernández Espino, pastor luterano, mártir dos refugiados salvadorenhos. A cada ano um tema de fundo embasa todas as várias reflexões ao longo da Agenda. Para o ano de 2009 o anúncio da capa é: "Para um **socialismo** novo – a **utopia** continua".

relembra e comemora são momentos inaugurais: a Páscoa, como o gesto de entrega e oferta, quando o "Filho do Homem" a si mesmo se dá em nome da promessa de vida plena a todos os homens, filhos e irmãos. E também a certeza da realização de tal vida prometida a toda a humanidade, na "volta triunfal de Cristo", durante a ressurreição.

Pois a vida é o valor supremo, como vimos no Evangelho: "Eu vim para que todos tenham vida, e vida em abundância". Não a "vida eterna", individualizada, em um dia além do tempo e fora do mundo, depois da morte e do "juízo". Mas a vida presente dos homens, vivida como cumplicidade de um amor fraterno cuja primeira tarefa é destruir o pecado. E "destruir o pecado do mundo" é transformar todas as estruturas sociais e econômicas e todos os processos sociais e políticos da desigualdade e da opressão, da injustiça e da exclusão. Neste caminho, o próprio sentido penitencial da dor, do sofrimento e da "tentação do Demônio", tão presentes no catolicismo popular e entre os evangélicos, sobretudo os pentecostais, são francamente revisitados e revistos. O homem não foi condenado a viver neles e entre eles. Não foi condenado a sofrer "aqui e agora" para viver uma felicidade eterna "lá e então". Ao contrário, o amor de um deus presente, amoroso e justo convida todos os homens, fraternos e livres, à felicidade plena... aqui e agora na Terra, como um anúncio e uma vivência do que poderá ser o destino eterno dos homens bons "lá e então, no Céu".

As famílias sociais terrenas e sagradas, a pequena comunidade centrada no grupo doméstico, na parentela próxima e na vizinhança de casa, e crenças típicas do catolicismo popular, assim como as confrarias dos filhos e irmãos de fé dos cultos afro-brasileiros e a comunidade sectária das confissões pentecostais, ampliam-se no cristianismo militante das comunidades eclesiais de base até as dimensões de uma ampla comunidade universal que envolve todos os homens e mulheres, pessoal e ativamente comprometidos com um mesmo horizonte profeticamente libertador e com uma mesma obra cristã e pan-ecumênica de "libertação do homem".[3]

Para alguns praticantes de uma espiritualidade de libertação, a comunidade dos "filhos de Deus" e dos "construtores do Reino de Deus", que se reconhecem vivendo na prática de suas vidas cotidianas não sua "salvação individual", mas a própria ideia de partilha de um mesmo "Corpo de Deus", esta "maneira de ser cristão" acolhe também participantes não-cristãos e, no limite, até mesmo ateus. Pois a prova da fé não está em absoluto na afirma-

---

[3] Na mesma *Agenda Latino-americana Mundial,* assim se define sua visão de ecumenismo: "Esta agenda propõe um 'ecumenismo de adição', não 'de diminuição'. Por isso, não elimina o próprio dos católicos nem o específico dos protestantes, mas os reúne. Assim, no 'santoral' foram 'somadas' as comemorações protestantes com as católicas. (...) A Agenda é aconfessional e, sobretudo, macroecumênica: enquadra-se nesse mundo de referências, crenças, valores e utopias comuns aos povos e aos homens e à mulheres de boa vontade, que nós cristãos chamamos de "Reino", mas que compartilhamos com todos em uma busca fraterna e humildemente serviçal" (p. 9).

ção individual de uma crença cristã. Não está no cumprimento egoísta dos "preceitos de Deus e da Santa Madre Igreja". Não está, menos ainda, na obcecada procura de uma virtude individual centrada na evitação dos "pecados da carne".

Ao contrário, ela se testa na generosa e persistente entrega da pessoa à vontade de Deus. E isto só pode ser vivido no *amor*. E o amor, hoje e sempre, conspira contra o mal da história, contra a desigualdade e a opressão, contra o primado do interesse individual sobre a vocação coletiva de libertação e felicidade de todos os homens irmanados em Deus através de Jesus Cristo. "Ou nos salvamos todos, ou ninguém se salva", dizem alguns participantes cristãos da igreja popular.

As preces, as bênçãos e os rituais das comunidades de libertação "comprometidas com o povo" tentam traduzir a celebração irmanada de uma vocação de fé e de prática da fé, vista por seus praticantes como, ao mesmo tempo, muito antiga e muito atual. Ela é um retorno à mensagem mais essencial de Jesus Cristo e das primeiras comunidades cristãs. Neste sentido, mais em uma outra direção, os fiéis das comunidades eclesiais de base sentem-se retomando o "verdadeiro cristianismo", tal como os pentecostais evangélicos e carismáticos católicos. Apenas por um caminho bastante diferente. Em uma outra direção, uma espiritualidade e libertação seria a consequência direta das transformações da igreja católica após o Concílio Vaticano II e, para nós, latino-americanos, após o "Congresso de Medellín".

Durante os longos anos em que floresceu entre nós uma ainda viva e presente espiritualidade de libertação, entre suas comunidades reinou uma divisão a respeito de como tratar as tradições do catolicismo popular. Em um primeiro momento houve um estranhamento e até mesmo uma recusa de tais tradições. Haveria nelas uma herança de uma "igreja colonialista" impregnada de uma espiritualidade dualista (virtude e pecado, salvação e perdição, corpo e alma, ricos e pobres etc.) e francamente fatalista (o mundo tal como existe é a vontade de Deus, e cumpre aos pobres e aos subalternos sofrerem aqui na Terra seu destino "natural" para serem um dia premiados com "a glória eterna de Deus"). Assim, as orações e práticas tradicionais, até as celebrações populares e seus festejos ancestrais a seus santos e padroeiros foram ignorados ou mesmo condenados.

Em um segundo momento começou a ocorrer em todo o país uma releitura do significado mais profundo e histórico do catolicismo popular. Como quer que fosse, ele representaria a maneira própria de o povo viver a sua fé, coletivizar suas crenças e viver, entre suas preces e ritos, a experiência ancestral e solidária de sua "vida de fé". Foram e seguem sendo inúmeros os casos em que preces, cantos e ritos como a "Folia de Santos Reis" foram aceitos e até mesmo incorporados à vida comunitária de algumas experiências de igreja popular e que elas se inscrevam neste plano de partilha da fé através de atos de "compromisso cristão".

No entanto, em um momento ou em outro, houve todo um esforço em repensar e retraduzir o sentido da prece e do ritual. Qual o lugar de preces individuais e individualistas de barganha, do tipo costumeiro "toma lá, dá cá", típicas de um envolvimento utilitário entre a pessoa do cristão e seus santos padroeiros individuais? Qual o lugar de uma espiritualidade centrada em "minha própria salvação" e na espera de uma felicidade terrena individualista e pragmática, quando a partir de uma adesão "comprometida" a Cristo e ao meu outro, meu irmão, através de minha adesão a um "Cristo libertador", o próprio sentido da divindade deve ser profundamente revisto, e aquilo que é "santo" afirma seu valor pelo que contém de fonte e esperança de amor e de um "mandato" de fé a uma vida solidária de partilha da fé e de ações de vocação libertadora.

Inúmeras novas orações foram criadas e muitos novos "cantos do povo" foram incorporados à liturgia das igrejas populares. Sobretudo em comunidades rurais e de pequenas cidades, mas depois também nas grandes cidades, cantos de autores populares das comunidades eclesiais de base foram incorporados à "vida da igreja". Isto aconteceu também, em menor escala, em experiências católicas como a da renovação carismática. Mas talvez em tempo algum em toda a história recente do cristianismo no Brasil e na América Latina tenha havido uma tão rica cocriação de formas populares de viver e celebrar a fé individual e a crença cristã coletiva.

Um exemplo fecundo poderia ser esta prece de invocação a Maria:

AVE-MARIA – AVE-MARIA – AVE-MARIA!
Grávida das aspirações de nossos pobres, Maria!
O Senhor está sempre convosco, Maria!
Bendita sois vós entre os oprimidos, Maria!
Benditos são os frutos de libertação de vosso ventre, Maria!
Santa Mãe, Mãe Latino-americana, Maria!
Rogai por nós para que confiemos no Espírito de Deus, Maria!
Agora que o povo assume a luta pela justiça, Maria!
E na hora de realizá-la em liberdade para um tempo de paz!
AVE-MARIA – AVE-MARIA – AMÉM[4]

Esse foi um canto "rezado" nas comunidades eclesiais de base em todo o Brasil durante muito tempo. Tal como nas orações, nas bênçãos, nos cantos e nos outros gestos de fé dirigidos a "Deus Pai", a um "Espírito Santo", proclamado sempre mais como o "Pai dos Pobres" e o "Espírito Libertador", a um "Jesus Cristo libertador" e a "Maria, mãe de justiça", e aos santos, a virtude de um ser sagrado está no que ele *é* e *tem* de redentor histórico da humanidade, a partir do povo: o negro e o índio, o camponês e o operário. A gravidez de Maria é o sofrimento do pobre. É

---

[4] "Ave-Maria Latino-americana", oração da Igreja Popular. In: *Nós lavradores unidos, Senhor*, p. 121.

entre os "filhos-de-Deus oprimidos" que ela é bendita, e se o povo pede a ela a força e a fé no Espírito Santo, é porque ela realiza a vocação dos evangelhos quando "assume a luta pela justiça". Por isso a oração acima, que retoma a "Ave-Maria" tradicional, esquece a "hora da nossa morte" e anuncia uma outra "hora", que anuncia o sentido da fé e da esperança do "cristão libertador": a hora de realizar a justiça em liberdade, para "um tempo de paz".

Estamos perto de terminar este capítulo de nossa viagem. Podemos concluir com palavras de um teólogo belga, José Comblin, que vive no Nordeste do Brasil há muitos anos. Em uma carta recente, que nos chegou pelo correio eletrônico no dia 6 de janeiro de 2009 – dia em que a igreja católica festeja a "Epifania de Jesus Cristo", e em que em inúmeras comunidades populares do campo e da cidade, no Brasil, pessoas se reúnem para celebrar a "Festa de Santos Reis" –, ao defender a teologia da libertação de acusações que foram recentemente formuladas a ela, ele diz o seguinte nas passagens que transcrevemos aqui:

> O papel da teologia não consiste em buscar quais são as palavras que expressam a fé, mas o que é a fé realmente vivida.
>
> Pois não se entende Jesus a partir da teologia, seja ela de libertação ou de prosperidade. A questão não é saber o que significam as palavras atribuídas a Jesus nas celebrações ou na teologia. Não se trata de entender as palavras escritas na Bíblia para entender a realidade. Jesus aparece no seu verdadeiro sentido, como realidade,

a partir de uma situação na qual o cristão se assimila a ele. Vivendo o que ele viveu, pode-se entender. Somente os pobres dizem de modo autêntico "Cristo é Senhor!". Todos os outros podem dizer as palavras corretas que, no seu caso, somente expressam figuração, imaginação, sensibilidade, até comédia. A piedade pode enganar muito, criando a ilusão de fé quando se trata de uma fantasia mental ou de uma fórmula administrativa de um bom funcionário que é pago para dizer essas coisas.

Quem não é pobre, pode aprender dos pobres, com a condição de ser muito humilde. Jesus viveu a impotência, a fragilidade dos pobres. Para entendê-lo é preciso entrar na mesma condição.

Jesus Cristo é o centro do Reino de Deus, o centro de toda a história da salvação, o centro de cada vida de discípulo. Mas não se trata do nome "Jesus Cristo", mas da realidade. Ora, essa realidade de Cristo somente se manifesta a quem vive nele, com ele, fazendo a mesma experiência humana. Por isso há uma centralidade da pobreza como acesso à centralidade de Jesus Cristo.

Isso não é novidade. Em todas as fases da história da Igreja houve cristãos que entenderam bem isso. Na América Latina, depois de séculos de dependência e de passividade colonial com os olhos fechados sobre a condição dos índios ou dos negros, houve um despertar. Os olhos abriram-se. Bispos, sacerdotes, religiosas, religiosos, leigos e leigas converteram-se quando descobriram a realidade da humanidade e o vazio da sua religião.

Por isso houve a Conferência de Medellín, que foi como o descobrimento de Jesus Cristo na sua realidade, na sua presença. Era preciso descobrir os pobres para descobrir Jesus Cristo. A Conferência de Medellín foi preparada pelo Pacto das Catacumbas. No dia 16 de novembro de 1965, poucos dias antes da clausura do Concílio, 40 bispos do mundo inteiro reuniram-se na catacumba de Santa Domitila em Roma e assinaram o Pacto das Catacumbas. Cada um se comprometia a viver pobre, a rejeitar todos os símbolos ou os privilégios do poder e a colocar os pobres no centro do seu ministério pastoral. Não era comédia, porque já estavam agindo assim. Nesses quarenta havia um número importante de brasileiros e latino-americanos e, mais tarde, outros subscreveram também.

Alguns acham que a opção pelos pobres é expressão de caridade para com os pobres. Acham que significa amor aos pobres É isso também, mas é secundário. A grande questão é o conhecimento de Jesus Cristo. O que é conhecer Jesus? Onde e como se conhece Jesus Cristo? A centralidade dos pobres vem do fato de que os pobres entenderem o que é Jesus Cristo. Não se quer dizer que todos os pobres fazem essa experiência, mas que o conhecimento se faz dentro dessa condição. Nós podemos aprender com eles. Nada vamos aprender nocionalmente, mas vivencialmente.

A centralidade dos pobres não compromete em nada a centralidade de Cristo. Pelo contrário, permite que se entenda melhor.

Um sacerdote pode ser um bom funcionário do culto que celebra com muita piedade, sempre bem comportado, um desses padres que nunca dão problema ao bispo. Mas não entende nada. Provavelmente nunca teve oportunidade de aprender. A culpa não é dele.

Por outro lado, nos evangelhos Jesus identifica-se com os pobres. O que se dá aos pobres é dado a ele. A sabedoria popular transmitiu fielmente esse ensinamento. Encontrar um pobre no caminho é encontrar Jesus Cristo. O problema aparece nas grandes cidades. A gente encontra tantos pobres que é impossível evocar Jesus Cristo cada vez. Somente alguns podem fazer isso. Por outro lado, muita gente tem dificuldade em aceitar que a consideração dos pobres muda toda a cristologia, como muda a pneumatologia, a eclesiologia e as representações usadas para falar de Deus. Muda toda a teologia tradicional, pelo menos no Ocidente. Isto não pode surpreender. A cristologia tradicional concentrou-se em torno dos dogmas dos 4 primeiros Concílios e da teoria anselmiana da redenção. Isto quer dizer que era muito parcial, muito particular, centrada em poucas questões. Historicamente, novas questões que aparecem obrigam a situar tudo de uma nova maneira. Novas leituras da Bíblia fazem com que apareçam novas perspectivas.

É significativo que os bispos da geração de Medellín, os padres que os seguiram, tiveram que passar por uma conversão. De repente, descobriram que a teologia que tinham aprendido no seminário escondia uma parte da realidade e que fatos evidentes obrigaram a descobrir, por exemplo, o que a Bíblia diz dos pobres.

Um obstáculo é o preconceito de que Jesus anuncia uma boa nova para todos. Ora ele anuncia uma notícia péssima para os ricos que vão perder tudo, para os sacerdotes que vão perder o templo e desaparecer, para os doutores cuja ciência se torna irrelevante, para os fariseus cuja santidade fica desmascarada para Herodes.

A boa noticia é para os pobres, os desarmados, os perseguidos. Mas sucede que muitos cristãos fazem questão de apagar as diferenças e leem o evangelho como se se dirigisse a todos igualmente, como se Jesus falasse para os homens em geral, sem nenhuma referência à sua situação, assim como fazem os filósofos gregos. O próprio documento de Aparecida apresenta o evangelho como boa noticias válida para todos, sem nenhuma diferença. De fato, para quem estudou somente a teologia tradicional, não há problema. Para eles o evangelho é o mesmo para todos, embora os textos bíblicos e inúmeros documentos da Tradição manifestem a cada página que não é verdade. A teologia podia esconder o evangelho. Desconfio que ela não era completamente inocente, mas que tinha alguns motivos menos religiosos para silenciar certos aspetos dos evangelhos.

(...)

Os pobres não tomam o lugar de Cristo, mas eles têm um lugar especial, fundamental, central em Cristo. Que a teologia da libertação morra ou não, não importa. Mas depois de Medellín a teologia não poderá continuar sendo o que era.

8

A presença do catolicismo no mundo religioso do Brasil de hoje

Que este último capítulo de nosso livro valha como uma conclusão. Traremos para ele algumas ideias que, há algum tempo, serviram como respostas a uma entrevista para uma revista eletrônica do Instituto de Estudos da Religião. Demos agora uma forma mais linear, sem as perguntas formuladas, e acrescentamos algumas ideias e reflexões que acreditamos serem atuais e válidas para o momento em que vivemos.

Não podemos esquecer que, tantos anos e séculos depois, o catolicismo de hoje, sobretudo no Terceiro Mundo e, mais ainda, na América Latina e no Brasil, guarda pelo menos na forma exterior algumas semelhanças com as tradições religiosas, com que o cristianismo se defrontou nos tempos de Cristo e durante séculos adiante. Neste sentido, sabemos que o protestantismo é, entre outras coisas, um apelo a um retorno não apenas ao "cristianismo dos primeiros tempos", mas também ao sentimento de "povo eleito" do judaísmo.

Ao contrário das pequenas igrejas evangélicas, pentecostais ou não – mas nunca as igrejas-de-massa do neopentecostalismo –, tradicionalmente o catolicismo é uma "religião de todos". Mesmo nas comunidades eclesiais de base ele se nega a ser a religião da pequena confraria dos "salvos no Senhor" e nisto difere de uma Assembleia de Deus, por exemplo. Ao contrário, a não ser entre alguns grupos mais fervorosamente fechados, ele aspira ser uma ampla e aberta religião de "todos os pecadores". Todos aqueles que desejem dele se aproximar para, juntos, buscarem a sua salvação e a dos outros.

Em 2007, o romance de João Guimarães Rosa, *Grande Sertão: Veredas*, festejou seus 50 anos. Recomendo que ele seja lido também como um dos retratos mais criativos e fiéis da religiosidade popular dos brasileiros. Nele, tal como na experiência cotidiana no Brasil de agora, o catolicismo é uma religião do padre que acolhe a beata e a prostituta, o policial e o bandido, o fiel paroquiano da renovação carismática e as pessoas como tantas e tantas outras, que na porta da igreja de seu bairro param e se perguntam: "Entro ou não entro?", "Comungo ou não comungo?", "Sou católico ainda ou já não mais?", "Tenho ainda ou já não possuo mais o que antes eu acreditava ser a minha vida de igreja?". Pois, na prática da vida, o catolicismo que se vive todos os dias e por toda a parte aqui no Brasil é uma rara religião que, em suas muitas faces e entre suas várias portas e janelas abertas, permite que você seja uma presença nela, mesmo quando acha que já não pertence mais a ela.

Não é que haja religiões demais no catolicismo. Ele é uma religião em que Deus pode ter muitos rostos. Ou pode acolher, em um mesmo "Corpo de Cristo", as mais diversas categorias de pessoas e de modos de crer e de viver sua crença. Algumas pessoas que até há pouco foram fiéis participantes e reais militantes de um ativo catolicismo de anos passados, dizem a si mesmas e aos outros algo como: "A minha religião é o cristianismo. Esta é a minha comunidade de fé. O catolicismo é a minha escolha de vida religiosa. É minha tradição cristã entre outras, igualmente válidas e verdadeiras. Nele está minha comunidade de crença, minha igreja entre outras várias. E eu apenas posso reconhecer-me ainda católico se puder reconhecer-me um cristão de vocação católica e aberto a qualquer outra religião que comparta comigo meus ideais de vida e meus sonhos de destino".

Não acredito que o catolicismo se adapte ao mundo de hoje. A palavra "adaptar" sugere algo muito mais pobre e limitado do que aquilo que acontece com religiões quando, diante dos dilemas de sociedades e de vidas "líquidas" – como bem sugere Zygmunt Bauman –, buscam alternativas para responder aos apelos de seu tempo. E para não se liquefazerem elas próprias.[1] Em suas múltiplas faces e

---

[1] Ver, entre tantos livros traduzidos para o português, e todos editados por Jorge Zahar Editora: *Vidas desperdiçadas; Vidas líquidas; Modernidade líquida.*

alternativas pessoais de fé e de vivência comunitária da fé, a *tradição católica* do *cristianismo de hoje* incorpora-se polissemicamente às várias culturas e às várias situações complexas e transitórias dos mundos culturais em que existe. Em que existe, mais agora "entre tantas outras tradições religiosas" do que nunca dantes. Sempre foi assim, e esta é sua sabedoria. Parecendo ser hoje em dia a religião de uma igreja rigorista, reguladora e hierárquica, isto a que damos o nome de "catolicismo" envolve uma das mais abertas e polimorfas vocações religiosas de nosso tempo. Uma religião que se permite viver sempre na fronteira entre formas de presença que desde antes e, mais ainda, agora, diferenciam o "católico nominal", o "católico praticante", o "católico participante". Ou, se quisermos: aquele que diz: "Eu sou católico mais não tenho nada a ver com a igreja"; aquele que diz: "Eu sou católico, mas vou muito pouco à igreja"; aquele que diz: "Eu sou católico e frequento a minha igreja"; aquele que diz: "Eu sou católico porque vivo a minha igreja".

Um exemplo? Quantas mulheres católicas praticantes seguem de maneira rigorosa os preceitos canônicos de uma vida pessoal – sexual e reprodutiva incluídas – em suas vidas diárias? A não ser para uma pequena parcela de "católicos ortodoxos" (como há também judeus, muçulmanos e protestantes), só é possível alguém "ser católico" não sendo integralmente católico. Afinal, para uma boa parte dos *cristãos de tradição católica*, uma coisa é a "nossa leitura dos evangelhos", e, outra, a "do Vaticano", a de "meu bispo" e até mesmo a de "meu pároco...", quando ele não pensa como nós. Isto é, "como eu".

Podemos mesmo supor que o cristianismo católico consegue ser, frente aos grupos minoritários e as amplas maiorias religiosas difusas de "buscadores da fé", uma tradição religiosa a meio caminho entre a comunidade de adesão restrita, cujo estilo sectário extremo seria: "Só aqui há salvação"; e a agência religiosa de clientela, cujo padrão também extremo seria: "Desde que você pague seu dízimo ou dê sua oferta e não questione nada, seus problemas pessoais estarão resolvidos". Podemos acreditar que uma boa parte da própria força da igreja católica está na aceitação da sua impossibilidade de preservar-se como uma inigualável "unidade religiosa", ao lado de uma crescente abertura – confessada ou não – a uma pluralidade de formas de ser, sentir-se e viver como um cristão-católico. Talvez tenha sido esse acolhimento tão diferenciado de modos de sentir-se "na", "da" ou "a" igreja católica que tenha ajudado João Paulo II a tornar-se a "figura universal" de uma dimensão não alcançada por homem algum de seu tempo.

Hoje, mais do que nunca, o que chamamos de "mundo religioso" de "universo da religião" ou, de modo mais próximo e profissional, de "campo religioso brasileiro" pluralizou-se, abriu-se, escancarou portas e janelas, diversificou caminhos de escolhas. Tal como o que acontece em outros "campos culturais", ele gerou ou difundiu agências do sagrado que vão da "igreja em célula", da pequena "comunidade de base", ou das mínimas confrarias de artistas-devotos do catolicismo popular até os apelos espetaculares dos estádios repletos de um público arrebatado pelas ordens vindas de autofalantes e dividido entre fiéis costumeiros, clientes oportunistas e curiosos por mais um show propiciado por especialistas do simulacro. Por agentes da fé preocupados, cada vez mais, em bradar a um público do que em clamar aos céus.

E nisto, talvez de forma mais multivariada e criativa do que em qualquer outro campo cultural – inclusive os dos grandes espetáculos da mídia –, o pluriuniverso da religião repete e inova o que se reinventa em e entre suas próprias fronteiras. E em uma destas fronteiras – nunca tão pós-modernas como se pensa, pois também aqui "a história se repete – a religião consagrada e também as neorreligiões competem ou mesmo se somam ao que queremos chamar aqui de outros "sistemas de sentido". Por exemplo, toda a novidade dos "novos paradigmas" entre a ciência e as novas "espiritualidades – em geral associadas a diferentes escolhas por uma "visão holística do homem, da vida e do mundo". Sistemas ora espiritualmente profanos, ora associados intensa ou tangencialmente a uma tradição religiosa, em geral de vocação oriental, ou a uma tessitura própria de entre-fios religiosos. Em boa medida, sistemas ora mais estruturados e socialmente partilhados, ora mais típicos dos arranjos pessoais ou de pequenos grupos. Ora mais duradouros, ora francamente transitórios e "líquidos". Ora mais associados a projetos espirituais do tipo "autoajuda", ora mais vinculados a visões entre o cuidado com o meio ambiente e o culto do cosmos. Formas novas ou renovadas de vivenciar uma espiritualidade sem praticar uma religião, a que apenas de maneira muito abrangente e nem sempre adequada cabe o nome de "Nova Era".

Arranjos e repertórios integrados de símbolos, de sentidos, de saberes, de sensibilidades, de significados e de sociabilidades que tanto interpretam frações ou mesmo "o todo da realidade" quanto servem, tal como as tradições religiosas, a desenhar identidades, a estabelecer fronteiras simbólicas entre "nós" e "os outros" e a orientar crenças teóricas e ações práticas. De uma maneira cuja liberdade de agora espantaria pessoas de duas gerações atrás, vivemos hoje no interior de um mundo que, entre uma mão e a outra dos caminhos a percorrer, em uma delas fecha, estreita e submete a poderes econômicos e "midiáticos" escolhas pessoais, interativas e sociais que vão da mais íntima afetividade à mais plural política e, na outra, abre alternativas de escolhas inclusive espirituais e/ou religiosas em todos os sentidos, em todas as direções. No interior de uma mesma casa (ou apartamento), as pessoas de uma mesma família, de um mesmo grupo doméstico podem escolher entre crer ou não crer em um deus, entre ser ativamente ateu ou fervorosamente crente. Entre crer em Deus sem aderir a qualquer religião ou crer em uma pluralidade de divindades e ser praticante assíduo e fiel a uma religião única.

Vale o mesmo para as escolhas no interior das religiões, das tradições religiosas. Mais do que seus pais, por certo, você pode escolher entre: ser militantemente de uma religião; viver uma religião e aproveitar dela o que lhe parece pessoalmente válido; criar sua própria forma de viver uma religião ou uma teia pessoal de religiões. Você pode viver "o meu cristianismo" sem aderir a uma Igreja. Pode viver uma adesão ecumênica a algumas e a nenhuma. Pode sentir-se sendo de uma tradição cristã e de uma Igreja, de maneira fiel e intensa, quase fundamentalista. Pode, ao longo de sua biografia, transitar em uma forma de viver uma religião ou mesmo pode transitar entre duas ou mais, dentro ou fora de uma mesma tradição fundadora.

Na vida de muitas pessoas, hoje, o próprio "ser católico" de maneira intensa e exclusiva tende a passar da norma para a exceção na experiência da fé e na vivência da fé como crença culturalmente partilhada. Assim, alguns ou muitos ainda-católicos foram antes participantes ativos da "vida da Igreja", do projeto profético, poético, político e pastoral de "construção do Reino de Deus". Foram praticantes de algo próximo ao que foi o espírito da ação católica no passado e da teologia da libertação em tempos mais próximos. Alguns mantiveram o mesmo fervor político-pastoral entre padres e leigos. Outros migraram para área de fronteira bem próxima e tornaram-se ecumenicamente cristãos, sem uma adesão fervorosa à tradição do catolicismo e/ou às práticas paroquiais ou comunitárias da Igreja. Outros converteram-se a um pan-ecumenismo que os torna abertos – inclusive entre preces, crenças e ritos espirituais – a religiões não-cristãs. Para eles, o ser-cristão agora representa partilhar de um entre muitos outros sistemas de fé, crença e culto que tentam decifrar ou compreender o múltiplo "rosto de Deus" e viver, desde uma "tradição de fé", o diálogo com todas as outras. Outros, ainda, preservam uma distante "visão cristã da vida e das coisas" que talvez tenha mais a ver com a ciência mística e esperançosa de Teilhard de Chardin do que com uma leitura fideísta dos evangelhos.

Uma mesma "líquida" multiplicidade de escolhas acontece também em outras esferas do mesmo universo religioso e se multiplica dentro e fora do círculo do catolicismo e do cristianismo. Não apenas a pessoa de um deus, mas a própria salvação e até mesmo a ajuda divina nas agruras do dia-a-dia agora existem *em* e emanam *de* várias fontes de fé. Retenhamos por um momento o acontecer da re-encarnação. Estejamos atentos ao forte e crescente apelo por ela exercido sobre um número cada vez maior de pessoas, dentro e fora do espiritismo e de outras tradições que a tomam como um dado fundador de uma religião, como o budismo tibetano. Uma pesquisa realizada alguns anos atrás – e cujos dados precisos nos escapam agora – revelou que em todas as classes sociais um número muito significativo de católicos reconhecia-se de algum modo crente ou pelo menos desejoso de crer na re-encarnação. Este é apenas um exemplo entre outros sobre como uma unidade de crença típica de diferentes e quase incomunicáveis tradições religiosas migra de uma religião para outra, até mesmo da religião para outros sistemas de sentido. Da mesma maneira como todas as comunidades religiosas derivadas do santo daime são re-encarnacionistas, um número nada pequeno de pessoas "espirituais, mas não religiosas" tende a se voltar à re-encarnação como fundamento do sentido da vida e do destino da pessoa humana.

Sim. Vivemos hoje e a cada dia mais em um mundo em que se apregoa que uma das características essenciais do "ser de agora" é a transitoriedade, o desenraizamento, o descompromisso individualista, competitivo e consumista. Não crer em nada que me obrigue a sair de mim mesmo em direção a meu outro. Não possuir raízes, sequer de si mesmo. Deixar-se fluir. Ser o que se é, como um ser fluido e mutante, a cada momento daquilo que se está sendo agora. Transitar sem compromissos, ainda que carregado de fugazes comprometimentos. Deixar-se errar entre identidades. Vagar e vogar entre sistemas identitários de ciência, religião, arte, ética e política, entre adesões efêmeras, amores passageiros, deuses mutantes e teorias mutáveis. Alguns jovens de agora, mais do que os de antes, estarão amando alguém que amarão eternamente... até o fim do ano. Alguns outros fazem isto com uma teoria científica... até o final da tese. Outros com Deus... até o final do quê?

Toda uma envolvente efervescência líquida talvez não seja mais do que a grande e coletiva ilusão que assedia vidas dos que anseiam todos os anos pelo começo de mais um "Big Brother Brasil" para, um pouco mais adiante, esquecerem inteiramente os rostos e os nomes de seus protagonistas e, com o mesmo desejo de fuga ao desencanto, esperarem uma vez mais o recomeço de um novo. Na verdade, talvez hoje mais do que nunca, sentimos nostalgia de um sagrado não apenas empapado de símbolos, mas denso de sentidos. Em um mundo em que uma vez mais se apregoa tanto o crepúsculos de Deus quanto o desaparecimento da própria pessoa, de sua identidade-biografia e da história coletiva que um dia anunciou a vinda de um deus à Terra, necessitamos de algo que uma vez mais nos irmane, que nos devolva a esperança na crença de que a vida é um dom e que o maior dom da vida é lograr dar a ela algo que nos transporte para muito além da fugaz espera do que a indústria cultural de simulacros nos possa ofertar.

Talvez, sabendo ou não, necessitemos retomar alguma forma única ou múltipla em um deus onipotente, onisciente, invisível e impalpável, para que ele seja "o meu Deus". Mas, depois, talvez necessitemos de seu contraponto. De um Jesus humano, nascido numa manjedoura, mais amigo de crianças do que adultos, mais de prostitutas do que de padres. De muitas maneiras diferentes precisamos de santos – os de antes, consagrados, e os de agora, pessoas como nós, pessoas humanas e, portanto, sagradas. Seres do mundo que vivemos, que, havendo feito em nosso nome algo que não conseguimos ainda realizar, tenham se tornado seres próximos o bastante de um deus amorosamente todo-poderoso para pessoalmente poderem interceder por nós.

Seres que levaram um dia a escritora Marguerite Yourcenar a colocar na boca de um de seus personagens:

"Houve seres em nome de quem Deus me amou". Mais do que tudo, em nome de um deus, necessitamos recriar e reviver entre nós e em nosso nome as pequenas comunidades, pequenas e simples o bastante para não estarem preocupadas com elas mesmas e com a salvação de seus participantes. Lugares de fé em que uma vivência do amor pelo outro seja tão cotidiana e verdadeira que um deus, um dia, possa vir nela habitar.

Bibliografia

ANDRADE, Mario de. *Danças dramáticas no Brasil*. São Paulo: Editora Martins Fontes, 1959.

ARMSTRONG, Karen. *Uma história de deus*. São Paulo: Companhia das Letras, 2001.

ARRUDA, Marcos. *Humanizar o infra-humano*. Petrópolis: Editora Vozes, 2003.

BACKMAN, Louis. *Religious dances in the christian church and in popular medicine*. Editora George Allen e Unwin, 1952.

BAÊTA NEVES, Luís Felipe. *O Combate dos Soldados de Cristo na Terra dos Papagaios – colonialismo e repressão cultural*. Rio de Janeiro: Forense Universitária, 1978.

BARROS, Abgdar. *Os Cultos mágico-religiosos no Brasil*. São Paulo: HUICITEC, 1979.

BAUMAN, Zygmund. *A sociedade individualizada – vidas contadas e histórias vividas*. Rio de Janeiro: Jorge Zahar Editora, 2008.

_____. *Modernidade Líquida*. Rio de Janeiro: Jorge Zahar Editora, 2001.

_____. *Vidas desperdiçadas*. Rio de Janeiro: Jorge Zahar Editora, 2006.

BRANDÃO, Carlos Rodrigues (org.). *Ritos e mitos de morte em Catuçaba: três estudos*. Boletim de Antropologia 2,

Campinas, Departamento de Ciências Sociais do IFCH, UNICAMP, 1987.

BRANDÃO, Carlos Rodrigues e PESSOA, Jadir de Morais. *Os rostos do deus do outro*. São Paulo: Edições Loyola, 2005.

BRANDÃO, Carlos Rodrigues. *"De tão longe eu venho vindo"*. Goiânia: Editora da Univ. Federal de Goiás, 2004.

_____. *A cultura na rua*. Campinas: Editora Papirus, 1989.

_____. *A festa do santo de Preto*. Goiânia: FUNARTE/Editora da Univ. Federal de Goiás, 1978.

_____. *A partilha da Vida*. Taubaté: Editora Cabral, 1995.

_____. *Cavalhadas de Pirenópolis*. Goiânia: Editora Oriente, 1974.

_____. *Memória do Sagrado*. São Paulo: Editora Paulinas, 1988.

_____. *O divino, o santo e a senhora*. Rio de Janeiro: FUNARTE, 1976.

_____. *O festim dos bruxos*. Campinas: Editora da UNICAMP, 1987.

_____. *Os deuses do povo*. Uberlândia: EDUFU, 2008.

_____. *Os Guarani: índios do sul*. Textos – Estudos de Sociologia, São Paulo, Departamento de Sociologia, FFLCH, Universidade de São Paulo, 1990.

_____. *Sacerdotes de viola*. Petrópolis: Editora Vozes, 1981.

_____. *As Cavalhadas de Alagoas*. Revista do Folclore Brasileiro, ano II, nº 3, maio/agosto de 1962.

Buber, Martin. *Eclipse de Deus*. Campinas: Editora Verus, 2007.

_____. *Eu e Tu*. São Paulo: Editora Centauro, 2001.

Burke, Peter. *Cultura Popular na idade moderna*. São Paulo: Companhia das Letras, 1989.

Cacciatori, Olga. *Dicionário de Cultos Afro-Brasileiros*. Rio de Janeiro: Editora Forense, 1977.

Câmara Cascudo, Luís da. *Dicionário do Folclore Brasileiro*. Rio de Janeiro: Instituto Nacional do Livro, 1962.

Carneiro, Edison. *A Dinâmica do Folclore*. Rio de Janeiro: Editora da Civilização Brasileira, 1965.

_____. *Ladinos e Crioulos – estudo sobre o negro no Brasil*. Rio de Janeiro: Editora da Civilização Brasileira, 1964.

Casaldáliga, Pedro e Vigil, Pedro (orgs.). *Agenda Latino-americana – mundial*, 2009.

Cavalcanti, Maria Laura Viveiros de Castro. *O Mundo invisível: cosmologia, sistema ritual e noção de pessoa no espiritismo*. Rio de Janeiro: Editora Zahar, 1983.

Conan Doyle, Arthur. *A história do espiritismo*. São Paulo: Editora Pensamento, 2007.

Cox, Harvey. *A festa dos foliões*. Petrópolis: Editora Vozes, 1974.

Da Matta, Roberto. *Carnavais, Malandros e Heróis: para uma sociologia do dilema brasileiro*. Rio de Janeiro: Editora Zahar, 1980.

_____. *Carnavais, Paradas, Procissões*. In: *Religião e Sociedade*, Rio de Janeiro, Iser, nº 1, maio de 1977.

DANTAS, Beatriz Góis. *A Taieira de Sergipe*. Petrópolis: Editora Vozes, 1972.

DIAS, Eurípides da Cunha. *Fraternidade Eclética Espiritualista Universal: tentativa de interpretação de um movimento messiânico*. Brasília: Universidade de Brasília, 1974 (Dissertação de Mestrado em Antropologia).

DURKHEIM, Émile. *Les formes elémentares de la vie religieuse*. Paris: PUF, 1968. (Edição brasileira: DURKHEIM, Émile. *As Formas elementares da vida religiosa*. São Paulo: Paulus, 2008).

ELBEIN DOS SANTOS, Juana. *Os Nagô e a Morte*. Petrópolis: Editora Vozes, 1986.

FERREIRA DE CAMARGO, Candido Procópio. *Kardecismo e umbanda*. São Paulo: Editora Pioneira, 1961.

FRY, Peter e HOWE, Gary. *Duas respostas à aflição: umbanda e pentecostalismo*. In: *Debate e crítica*. São Paulo, n. 6, julho de 1975.

GONZALEZ, José Luis; ERARRÁZAVAL, Diego e BRRANDÃO, Carlos Rodrigues. *Catolicismo popular – história, cultura, teologia*. Coleção Teologia e Libertação. Petrópolis: Editora Vozes, 1993.

GUIMARÃES, Alba Zaluar. *Os homens de Deus*. Rio de Janeiro: Editora Francisco Alves, 1974.

HENNEZEL, Marie de e LELOUP, Jean-Yves. *A arte de morrer*. Petrópolis: Editora Vozes, 1999.

KERTZER, David. *Política e ritual – a festa comunista na Itália*. In: *Religião e Sociedade*. Rio de Janeiro, Iser, n. 9, junho de 1983.

Labate, Beatriz C e Araújo, W. S. *O uso ritual da ayuasca*. Campinas: Mercado das Letras, 2002.

Lévi-Strauss, Claude. *O Pensamento Selvagem*. São Paulo: Cia. Editora Nacional, 1970.

Maciel De Castro, Zaide. *Folia de Reis*. In: *Cadernos de Folclore*, nº 16, 1 Rio de Janeiro, Funarte/INF, 1977.

Mellati, Julio Cezar. *Índios do Brasil*. São Paulo: Editora da USP, 1985.

Messadié, Gerald (org). *Um pequeno livro das preces*. São Paulo: Editora Martins Fontes, 2005.

Moreyra, Yara. *De Folias, de Reis e de Folias de Reis*. Goiânia: Instituto de Artes da Universidade Federal de Goiás, 1979 (mimeo.).

_____. *Folias Mineiras em Goiás*. Goiânia, 1978 (mimeo.).

Ribeiro, Jorge Cláudio. *A Festa libertária no Brasil*. In: *Religião e Sociedade*. Rio de Janeiro, Iser, nº 9, junho de 1983.

Ribeiro, René. *Antropologia da religião e outros estudos*. Recife: Editora Massangana, 1982.

Rosa, João Guimarães. *Grande Sertão: Veredas*. Rio de Janeiro: Editora José Olympio, 1956.

Sanchis, Pierre. *A caminhada ritual*. In: *Religião e Sociedade,* Rio de Janeiro, Iser, nº 9, junho de 1983.

Sanchis, Pierre (org.). *Catolicismo, modernidade e tradição*. São Paulo: Edições Loyola/Iser, 1992.

_____. *Catolicismo: cotidiano e movimento*. São Paulo: Edições Loyola/Iser, 1992.

_____. *Catolicismo: unidade religiosa e pluralismo cultural*. São Paulo: Edições Loyola/Iser, 1992.

SCARANO, Julita. *Devoção e Escravidão*. Rio de Janeiro: Cia. Editora Nacional, 1976.

SUESS, Paulo (org). *Culturas e evangelização*. São Paulo: Edições Loyola, 1991.

TEIXEIRA DE SALLES, Fritz. *Associações Religiosas no Ciclo do Ouro*. Ouro Preto: Editora da Universidade Federal de Minas Gerais, 1963.

TEIXEIRA, Faustino e BERKENBROCK, Volney. *Sede de Deus: orações do judaísmo, cristianismo e islã*. Petrópolis: Editora Vozes, 2002.

TINHORÃO, José Ramos. *Música Popular de Índios, Negros e Mestiços*. Petrópolis: Editora Vozes, 1972.

VAN DER POEL, Francisco. *Com Deus me deito, com Deus me levanto: orações de religiosidade popular católica*. São Paulo: Edições Paulinas, 1978.

VV.AA. Catolicismo Popular. In: *Revista Eclesiástica Brasileira*. Petrópolis, n. 36, março de 1976.

VV.AA. *Nós, lavradores unidos, Senhor – livro de cantos para ser usados pelos lavradores nas suas reuniões, celebrações e festas*. Salvador: Artes Gráficas e Indústria, s/d.